JN297388

KINZAI バリュー叢書

最新私的整理事情

弁護士
田口 和幸・加藤 寛史・松本 卓也
ロングブラックパートナーズ
［著］

一般社団法人 **金融財政事情研究会**

■はじめに

　施行から3年4カ月を経た金融円滑化法が平成25年3月末をもって終了し、中小企業の事業の再生等に向けた「出口戦略」が求められることとなった。この「出口戦略」については、平成24年4月20日に、内閣府・金融庁・中小企業庁により、「中小企業金融円滑化法の最終延長を踏まえた中小企業の経営支援のための政策パッケージ」が策定・公表されるなど、さまざまな施策が打ち出され、その実行局面を迎えている。

　本書は、主として現場で「出口戦略」の実行に携わる金融機関の方々を対象に、私的整理の要点を整理しつつ、最近の再生等の事例等をわかりやすく解説し、現場の方々の取組みの一助となることを目的としている。中小企業の事業再生のための施策や取組みは、時代とともに刻々と変化し多様化している。最新の実情をふまえ、柔軟かつ熱意をもった取組みが行われることを切望するところである。

　また、中小企業としても、取引金融機関や外部機関の協力が得られやすい環境整備が進められており、真の事業再生に向かって一歩を踏み出す絶好機にある。再生の検討局面にある中小企業の方々にとっても、本書がその検討の際の一助となれば幸いである。

平成25年5月

執筆者一同

[**本書の構成**]

　本書は、中小企業を念頭に、私的整理の要点を述べ、活用の具体的なイメージを事例・設例に基づいて明らかにすることを目的としている。

　まず、第1章で中小企業の事業再生等をめぐる近年の動向等を概観し、第2章で私的整理の要点・利点を整理し、事業再生の全体像を概観する。次に、第3章で事業再生の可能性の見極めの局面における要点を述べ、第4章で事業再生が可能な場合の再生手法等について概説する。それらをふまえ、第5章から第13章で、再生等（廃業を含む）の事案・手法ごとに、事例・設例に基づいて説明を加えた。

【事務所紹介】

阿部・井窪・片山法律事務所

　阿部・井窪・片山法律事務所は、1959年に開設され、弁護士、弁理士、および事務局スタッフあわせて100名を超える体制で、事業再生、ABL等の金融法務のほか、国内・渉外法務全般を取り扱っている。事業再生分野においては、リッカー、マルコー、日本航空等において会社更生の管財人を手がけたほか、そごうの民事再生や西武百貨店の私的整理ガイドライン等、多数の民事再生事件や私的整理案件に関与している。また、昨今は、中小企業の事業再生案件にも注力しており、企業側の代理人、中小企業再生支援協議会手続における専門家アドバイザー等の立場で多数の案件に関与し、全国の中小企業の事業再生に取り組んでいる。
URL：http://www.aiklaw.co.jp

【著者略歴】

田口　和幸

　1989年　京都大学法学部卒業、司法研修所（第43期）
　1991年　弁護士登録（第一東京弁護士会）、阿部・井窪・片山法律事務所入所
　1998年　阿部・井窪・片山法律事務所パートナー
　法的整理については、マルコー、そごう、大日本土木、クリード、日本航空等の会社更生事件、民事再生事件に管財人代理、会社代理人として関与している。私的整理については、各地の中小企業再生支援協議会の専門家アドバイザーを務めており、また、会社代理人としても多数の案件を手がけている。

加藤　寛史

　1999年　早稲田大学法学部卒業
　2000年　司法研修所（第54期）
　2001年　弁護士登録（第一東京弁護士会）、阿部・井窪・片山法

律事務所入所
2007年　阿部・井窪・片山法律事務所パートナー、中小企業再生支援全国本部プロジェクトマネージャー（現任）

企業側代理人として紛争処理案件に広く従事するほか、法的整理・私的整理における債務者代理人やスポンサー代理人として事業再生分野を中心に手がけている。

松本　卓也

2001年　東京大学法学部卒業
2005年　司法研修所（第59期）
2006年　弁護士登録（第一東京弁護士会所属）、阿部・井窪・片山法律事務所入所

倒産案件、事業再生案件に多く関与しているほか、ABLなど金融機関への助言・支援も行っている。主な著書に、『銀行窓口の法務対策4500講』（分担執筆、きんざい、2013年）、『倒産判例インデックス（第2版）』（分担執筆、商事法務、2010年）がある。

三澤　智

2001年　慶應義塾大学法学部法律学科卒業
2005年　司法研修所（第59期）
2006年　弁護士登録（第一東京弁護士会）、阿部・井窪・片山法律事務所入所
2013年　中小企業再生支援全国本部プロジェクトマネージャー（現任）

倒産・事業再生分野においては法的整理・私的整理に幅広く関与している。特に私的整理については各地の中小企業再生支援協議会の債務者代理人の経験を有する。

小林　幹幸

2000年　慶應義塾大学法学部法律学科卒業

2006年　司法研修所（第60期）
2007年　弁護士登録（第一東京弁護士会）、阿部・井窪・片山法律事務所入所

法的整理・私的整理による事業再生案件にさまざまな立場で数多く関与しているほか、破産手続によらない廃業支援案件にも積極的に取り組んでいる。

【事務所紹介】

ロングブラックパートナーズ株式会社

ロングブラックパートナーズ株式会社は、大手アドバイザーとは一線を画した中堅中小企業に対する最高水準の財務アドバイザリーサービスを提供したいとの想いで、大手外資系アドバイザリー会社出身者により2008年に設立。

設立メンバーに加え、公認会計士・金融機関出身者・ファンド出身者・メーカー出身者・商社出身者・弁護士等、多様なメンバー約20名で構成され、少数精鋭の事業再生NO.1ブティックファームを目指している。

設立5年で延べ80社超の関与実績を有し、中小企業再生支援協議会、事業再生ADR、産業革新機構ほか、公的な枠組みにも実績を多数有する。

また、近時は財務アドバイザリーサービス以外にも、地域再生ファンドの運営、監査法人の運営にも関与し、全国の中堅中小企業に対する多様なサービスラインの提供に取り組んでいる。

URL：http://www.longblack.co.jp

【著者略歴】

牛越　直　パートナー　公認会計士

1999年　慶應義塾大学法学部政治学科卒業・監査法人トーマツ入所
2003年　PwC FAS（現PwC）株式会社入社

2008年　ロングブラックパートナーズ株式会社設立　代表取締役パートナー就任

永井　崇志　パートナー　公認会計士

1995年　成蹊大学経済学部卒業
1997年　太陽ASG監査法人入所
2004年　PwC FAS（現PwC）株式会社入社
2008年　ロングブラックパートナーズ株式会社設立　代表取締役パートナー就任

太田　　晃　パートナー

1986年　一橋大学経済学部卒業・日本興業銀行（現みずほコーポレート銀行）入行
2004年　PwC FAS（現PwC）株式会社入社
2008年　ロングブラックパートナーズ株式会社設立　代表取締役パートナー就任

赤坂　圭士郎　ディレクター　公認会計士

2001年　同志社大学商学部卒業・アクセンチュア株式会社入社
2003年　ソニー株式会社入社
2009年　ロングブラックパートナーズ株式会社入社

山下　誠也　マネージャー

2002年　同志社大学商学部卒業・伊藤忠商事株式会社入社
2008年　ロングブラックパートナーズ株式会社入社

目　次

第1章
序　論

1　近年の動向 …………………………………………………………… 2
　　◆コラム　金融円滑化法と最近の倒産事情 ……………………… 4
2　金融機関に期待されるコンサルティング機能 ………………… 5
　　◆コラム　コンサルティング機能発揮に際しての留意点 ……… 8

第2章
私的整理の要点と事業再生のロードマップ

1　私的整理の要点 …………………………………………………… 10
　(1)　私的整理とは ………………………………………………… 10
　　◆コラム　中小企業再生支援協議会とは ……………………… 11
　(2)　中小企業の事業再生における私的整理の有用性 ………… 12
　　◆コラム　清算型法的整理と資産の毀損 ……………………… 14
　　◆コラム　法的整理が選択される場合 ………………………… 15
2　私的整理による事業再生に至るロードマップ ………………… 17
　(1)　ステップ1　当初の見立て ………………………………… 17
　　◆コラム　中小企業再生支援協議会の手続 …………………… 19
　(2)　ステップ2　財務・事業の調査・検討 …………………… 20
　(3)　ステップ3　再生可能性の見極め、再生手法の検討 …… 21

(4) ステップ4　再生計画案の策定 ……………………………………… 23
　　◆コラム　中小企業再生支援協議会手続における再生計画案 …… 28
(5) ステップ5　再生計画案についての合意形成 ……………………… 28
(6) ステップ6　再生計画の実行・モニタリング ……………………… 29
(7) ま と め ………………………………………………………………… 30

第3章

再生の対象となる企業

1　再生可能性の見極め ……………………………………………………… 34
2　再生可能性の検討内容 …………………………………………………… 37
　(1) 事業ポテンシャルの見極め（モノ） ………………………………… 37
　　◆コラム　外部環境と事業性
　　　　　　　（あなたの会社の売上高はGDPの何％？） ……………… 38
　(2) 財務健全性の見極め（モノとカネのバランス） …………………… 39
　　◆コラム　実質債務超過解消年数 …………………………………… 41
　(3) 経営陣の見極め（ヒト） ……………………………………………… 41
　　◆コラム　「ガバナンスの欠如」という問題 ………………………… 43
　(4) 金融機関による支援の検討 …………………………………………… 43
　(5) ま と め ………………………………………………………………… 44

第 4 章
金融支援の手法

1 リスケジュール ……………………………………………………… 49
 (1) リスケジュールとは ……………………………………………… 49
  ◆コラム 実抜計画、合実計画 …………………………………… 49
 (2) リスケジュールの対象となる企業 ……………………………… 51
2 債権放棄 ……………………………………………………………… 53
 (1) 債権放棄とは ……………………………………………………… 53
 (2) 第二会社方式 ……………………………………………………… 54
  ◆コラム 濫用的会社分割 ………………………………………… 55
 (3) 債権売却 …………………………………………………………… 57
3 DDS・DES …………………………………………………………… 59
 (1) DDS ………………………………………………………………… 59
  ◆コラム 協議会版「資本的借入金」…………………………… 61
 (2) DES ………………………………………………………………… 62

第 5 章
事業性が厳しい会社の再生事例

食料品製造・小売会社 …………………………………………………… 66
 (1) 会社の概要 ………………………………………………………… 66
 (2) 私的整理に至った経緯 …………………………………………… 66
 (3) 当初の見立て ……………………………………………………… 67

(4) 事業再生に向けた取組み ……………………………… 68
(5) 再生計画の策定 ………………………………………… 71
(6) 再生計画の内容 ………………………………………… 71
(7) 解　　説 ………………………………………………… 73
　　◆コラム　外部経営者の招聘 ……………………………… 76

第6章

粉飾決算を行っている会社の再生事例

水産加工・卸売会社 ………………………………………… 80
(1) 会社の概要 ……………………………………………… 80
(2) 私的整理に至った経緯 ………………………………… 80
(3) 当初の見立て …………………………………………… 81
(4) 事業再生に向けた取組み ……………………………… 82
(5) 再生計画の策定 ………………………………………… 85
(6) 再生計画の内容 ………………………………………… 86
(7) 解　　説 ………………………………………………… 87

第7章

資金繰りが厳しい会社の再生事例

卸売業（木材加工）の会社 ………………………………… 96
(1) 会社の概要 ……………………………………………… 96
(2) 私的整理に至った経緯 ………………………………… 96

(3)	当初の見立て	97
(4)	事業再生に向けた取組み	98
(5)	再生計画の内容	101
(6)	解　説	103
	◆コラム　ABL	107

第8章

第二会社方式（自主再建型）の事例

旅　館 …… 110

(1)	会社の概要	110
(2)	私的整理に至った経緯	110
(3)	当初の見立て	111
(4)	事業再生に向けた取組み	112
(5)	再生計画の策定	113
(6)	再生計画の内容	115
(7)	解　説	116
	◆コラム　債権放棄と経営者責任	121
	◆コラム　保証人責任のとり方（自己破産を求めるか）	123

第9章

第二会社方式（スポンサー型）の事例

建設会社 …… 126

- (1) 会社の概要 …………………………………………… 126
- (2) 私的整理に至った経緯 ………………………………… 126
- (3) 当初の見立て …………………………………………… 127
- (4) 私的再生に向けた取組み ……………………………… 127
- (5) 再生計画の策定 ………………………………………… 129
- (6) 再生計画の内容 ………………………………………… 130
- (7) 解　　説 ………………………………………………… 131

第10章
DDSを活用した再生事例

1　機械部品製造会社（事例1）……………………………… 140
- (1) 会社の概要 …………………………………………… 140
- (2) 私的整理に至った経緯 ………………………………… 140
- (3) 当初の見立て …………………………………………… 141
- (4) 事業再生に向けた取組み ……………………………… 142
- (5) 再生計画の策定 ………………………………………… 144
- (6) 再生計画の内容 ………………………………………… 145

2　地域密着型スーパーマーケット（事例2）……………… 147
- (1) 会社の概要 …………………………………………… 147
- (2) 私的整理に至った経緯 ………………………………… 147
- (3) 当初の見立て …………………………………………… 148
- (4) 事業再生に向けた取組み ……………………………… 149
- (5) 再生計画の策定 ………………………………………… 152

(6)	再生計画の内容	152
(7)	解　説	154

第11章
ファンドを活用した再生事例

1 特殊産業向け機械製造会社 162
- (1) 会社の概要 162
- (2) 私的整理に至った経緯 162
- (3) 当初の見立て 163
- (4) 私的再生に向けた取組み 164
- (5) 再生計画の策定 167
- (6) 再生計画の内容 167
- (7) 取引金融機関の同意と債権売却 169
- (8) 解　説 169

2 電化製品製造会社 173
- (1) 会社の概要 173
- (2) 私的整理に至った経緯 173
- (3) 当初の見立て 174
- (4) 事業再生に向けた取組み 175
- (5) 再生計画の策定 178
- (6) 再生計画の内容 178
- (7) 解　説 180
    - ◆コラム　地域再生ファンドについて 184

第12章

デリバティブ取引による多額の損失がある会社の再生事例

食料品卸売会社 190
- (1) 会社の概要 190
- (2) 私的整理に至った経緯 190
- (3) 当初の見立て 191
- (4) 私的再生に向けた取組み 193
- (5) 再生計画の策定 195
- (6) 再生計画の内容 196
- (7) 解　説 198
  - ◆コラム　金融ADRとは 203
  - ◆コラム　金融ADR（全銀協）の運用について 205

第13章

廃業支援

食品製造・卸売会社 210
- (1) 会社の概要 210
- (2) 対象会社の状況 210
- (3) 廃業に至った経緯 211
- (4) 会社清算に向けた取組み 212
- (5) 解　説 214

- ◆コラム　金融機関による廃業支援について ……………………… 215
- ◆コラム　清算型の手続について ……………………………………… 217
- ◆コラム　私的整理か法的整理か ……………………………………… 220

■おわりに ……………………………………………………………………………… 225

第 1 章

序 論

1 近年の動向

　厳しい経済金融情勢下における中小企業等に対する貸渋り、貸剥がし対策が検討された結果、平成21年11月30日に成立し、同年12月4日に施行された中小企業金融円滑化法は、2度目の延長の末（平成24年3月に最終延長）、平成25年3月31日をもって終了した。金融円滑化法は、金融機関に対し、中小企業から債務の弁済に係る負担の軽減の申込みがあった場合にはできる限り条件変更等を行うよう努める責務を定めるものであり、その結果、金融庁の公表[1]によれば、法律の施行日から平成24年9月末まで、金融機関に対し、中小企業から貸付債権ベースで合計約369万8,000件の申込みがなされ、その約92.9％に相当する約343万7,000件について条件変更等が実行されている。しかし、平成23年12月の金融円滑化法の最終延長方針公表時には、すでに貸付条件の変更等が繰り返されたり、貸付条件の変更等を受けても経営改善計画が策定されない中小企業が出ている等の問題が指摘されており、また、金融円滑化法の終了後に中小企業の破綻が急増するような事態は避けなければならないことから、金融円滑化法の終了を見据えて、「出口戦略」が求めら

---

[1] 平成24年11月30日付「中小企業金融円滑化法に基づく貸付条件の変更等の状況について（速報値）」

れることとなった[2]。

「出口戦略」は、金融円滑化法によって貸付条件の変更（リスケジュール）という一時的な金融上の措置を受けている中小企業について、真の事業再生等につながる支援を行うことにより、リスケジュールを繰り返し、なかなか事業再生が図られない実態を抜本的に改善する戦略を意味する。

この「出口戦略」については、平成24年4月20日に、内閣府・金融庁・中小企業庁により、「中小企業金融円滑化法の最終延長を踏まえた中小企業の経営支援のための政策パッケージ」が策定・公表されている。政策パッケージにおいては、中小企業の事業再生の促進等を図るため、金融機関によるコンサルティング機能のいっそうの発揮が求められるとともに、中小企業の再生については中小企業再生支援協議会の機能等の強化が図られている。金融機関としては、いま、まさに取引先である中小企業に対し、コンサルティング機能を発揮しながら、必要に応じ中小企業再生支援協議会等の外部機関を積極的に活用する等して、中小企業の真の事業再生等を支援することが求められている状況にある。また、中小企業としても、取引金融機関や外部機関の協力が得られやすい環境が整っていることとなり、真の事業再生に向かって一歩を踏み出す絶好機にあるとい

---

[2] 平成24年3月末の時点で、金融円滑化法に基づく条件変更を行っている中小企業の数は、30万～40万社と推計され、そのうち経営改善計画ができていない債務者は5万～6万社と推計されており、それらが「出口戦略」の対象となると考えられる（平成24年7月4日金融審議会総会（第28回）・金融分科会（第16回）合同会合議事録）。

える。

> **コラム** 金融円滑化法と最近の倒産事情
>
> 　株式会社東京商工リサーチの調査によれば、金融円滑化法に基づく貸付条件の変更を利用した企業の平成24年1～11月の倒産件数は217件であり、前年同期比55％増となっている。そして、このうち約6割が破産であり、再生型の法的整理である民事再生申立ての件数は、1割に満たないとのことである[3]。
>
> 　この数値からは、金融円滑化法に基づき返済猶予を受けている企業には、収益力が乏しく事業性が認めがたい先が含まれていることや、返済猶予期間中の事業改善がなかなか進んでいない実態がうかがわれる。

3　東京商工リサーチが2012年12月10日にホームページに公開した「2012年1－11月「中小企業金融円滑化法」に基づく貸付条件変更利用後の倒産動向」

2 金融機関に期待されるコンサルティング機能

　金融機関に期待されているコンサルティング機能については、金融庁の監督指針によれば、次のとおりとされている（平成24年5月の「中小企業者等に対する金融の円滑化を図るための臨時措置に関する法律に基づく金融監督に関する指針（コンサルティング機能の発揮にあたり金融機関が果たすべき具体的な役割）」）。

1　経営課題の把握・分析
　(1)　経営課題の把握・分析と事業の持続可能性の見極め
　(2)　債務者の課題認識・主体的な取組みの促進
2　最適なソリューションの提案
　(1)　ソリューションの提案
　(2)　経営再建計画の策定支援
　(3)　新規の信用供与
3　ソリューションの実行および進捗状況の管理

　第一に、取引先である中小企業の経営課題を把握・分析し、事業の持続可能性を見極め、その納得を得て主体的な取組みを促進し、第二に経営課題に即した最適なソリューションを提案しつつ計画の策定等を支援し、第三にその計画を実行に移し進捗を管理する、という三つの段階が掲げられており、中小企業

の事業の再生等に向けたコンサルティングのあり方が端的に表現されている。そして、金融機関には、以上のコンサルティング機能の発揮に向けた態勢整備として、①経営陣による主導性の発揮、②本部による営業店支援、③外部専門家・外部機関・他の金融機関等との連携が求められている。

上記のうち、2の最適なソリューションの提案については、上記監督指針によれば、以下のとおり3つの類型に分けられ、取引先である中小企業（債務者）の状況に応じ、

> ① 自助努力で経営改善可能な場合→条件変更等
> ② 抜本的な再生が必要な場合→DES、DDS、債権放棄等
> ③ 事業の持続可能性見込めない場合→債務整理、自主廃業等

といったように、それぞれのソリューションのあり方が具体的に示されている。金融機関として、自らの経済合理性が確保されることを前提に、中小企業の再生に向けた踏み込んだ支援が期待されていることがうかがわれ、また、再生に至らない場合であっても、経営者の生活再建や当該債務者の取引先等への影響が考慮要素とされていること等から、当該中小企業の立場に配慮したコンサルティング機能の発揮が奨励されていることが読み取れる。

1 経営改善が必要な債務者（自助努力により経営改善が見込まれる債務者）
→ビジネスマッチングや技術開発支援により新たな販路の獲得等を支援するほか、貸付けの条件の変更等を行う。
2 事業再生や業種転換が必要な債務者（抜本的な事業再生や業種転換により経営の改善が見込まれる債務者）
→貸付けの条件の変更等を行うほか、金融機関の取引地位や取引状況等に応じ、DES・DDSやDIPファイナンスの活用、債権放棄も検討。
3 事業の持続可能性が見込まれない債務者（事業の存続がいたずらに長引くことで、却って、経営者の生活再建や当該債務者の取引先の事業等に悪影響が見込まれる債務者など）
→貸付けの条件の変更等の申込みに対しては、機械的にこれに応ずるのではなく、事業継続に向けた経営者の意欲、経営者の生活再建、当該債務者の取引先等への影響、金融機関の取引地位や取引状況、財務の健全性確保の観点等を総合的に勘案し、慎重かつ十分な検討を行う。
→その上で、債務整理等を前提とした債務者の再起に向けた適切な助言や債務者が自主廃業を選択する場合の取引先対応等を含めた円滑な処理等への協力を含め、債務

者や関係者にとって真に望ましいソリューションを適切に実施。

> **コラム** **コンサルティング機能発揮に際しての留意点**
>
> 金融機関がコンサルティング機能を発揮するうえで、留意すべき点として、①守秘義務、②利益相反、③優越的地位の濫用、④法務・税務リスク（再生スキームの選択・実行に伴う法務・税務リスク等）等が考えられる。中小企業の私的整理による再生を円滑かつ遺漏なくに行うために、情報管理を徹底し、対象企業の経営者の納得と主体性を引き出し、法務・税務上のリスクを抽出して当該企業において専門家の意見を得ることとする等、一定の配慮が必要となる。

第2章

私的整理の要点と事業再生のロードマップ

1 私的整理の要点

(1) 私的整理とは

 中小企業の事業の再生については、事業毀損防止等の観点から、法的整理との対比を念頭に置きつつも、まずは私的整理の成否が検討されるべきである。

 私的整理とは、民事再生手続、会社更生手続等の裁判所が関与する法的手続によらずに、債権者と債務者との自主的協議により、債務者の債務について、条件変更、放棄等の整理を図る手続である。

 法的整理に債務者の事業を再生する再建型（民事再生手続、会社更生手続）と債務者の事業を清算する清算型（破産手続、特別清算手続）があるのと同様に、私的整理にも再建型と清算型がある。

 古くは私的整理といえば手続の公正さが担保されないことから、多数の債権者（金融機関）の理解を得て調整を図ることに困難が付きまとっていたが、昨今では、再建型の私的整理を公正かつ迅速に進めるための準則およびフレームワークが整備され、手続の公正さは担保されることとなり、金融調整のハードルは低くなってきている。具体的には、私的整理ガイドライン、企業再生支援機構、中小企業再生支援協議会（以下「再生

支援協議会」という)、事業再生ADR、RCC企業再生スキーム等がそれに当たる。したがって、再建型の私的整理は、これらの準則およびフレームワークに基づいて進められる私的整理とこれらの準則およびフレームワークに基づかないで債権者と債務者の任意の手続により進められる純粋私的整理(任意整理ともいう)に分類されるが、本書では、中小企業の事業再生に主として活用されている再生支援協議会の手続を中心に説明する。

私的整理	再建型	私的整理ガイドライン 企業再生支援機構 中小企業再生支援協議会 RCC企業再生スキーム 事業再生ADR 純粋私的整理
	清算型	純粋私的整理
法的整理	再建型	民事再生 会社更生
	清算型	破産 特別清算

> **コラム　中小企業再生支援協議会とは**
>
> 再生支援協議会は、産業活力の再生および産業活動の革新に関する特別措置法(産活法)41条に基づき、中小企業の事業の再生を支援する機関として経済産業大臣から認定を受けた商工会議所等に設置された組織である。再生支援協議会は、現在、

全国47都道府県に1カ所ずつ設置されており、また、各地の協議会の活動を支援するため、独立行政法人中小企業基盤整備機構に中小企業再生支援全国本部が設置されている。

再生支援協議会は、金融機関出身者、公認会計士、税理士、弁護士、中小企業診断士など、事業再生に知見を有する専門家等で構成され、公正中立な第三者機関として、窮境にある中小企業に対し、再生計画の策定支援などの再生支援業務を行うことを目的としている。

金融円滑化法の出口戦略として、3頁の「政策パッケージ」では、協議会において、再生計画の策定支援をできる限り迅速かつ簡易に行う方法を確立する取組みを行うものとされ、平成24年度に再生支援協議会全体で3,000件程度の処理を目指すとされている。

(2) 中小企業の事業再生における私的整理の有用性

中小企業の事業の再生において、なぜまずもって私的整理が検討されるべきなのかの理由(私的整理の有用性)を、事業毀損の防止、手続の柔軟性の二つの視点で確認する。

a 事業の毀損の防止

法的整理は、金融機関、取引先を含め、全債権者を巻き込み、原則として、すべての債権を平等に取り扱う手続である[4]。また、法的整理があれば、「倒産情報」として公表され、広く

一般に知られるところとなる。これらのことから、法的整理では、取引の相手方から、取引条件の変更（現金取引への変更、取引量の減少等）を求められたり、取引の打切りを通告されたり、また、企業のブランドイメージや信用が失われることにより販売等が落ち込む等、債務者の事業が日々大きく毀損する危険にさらされることになる。そして、その事業の毀損の度合いが大きい場合や、主要取引先から取引や契約の打切りを通告される場合等においては、事業の再生自体が不可能となる場合も十分ありうる[5]。

これに対して、私的整理では、対象債権者を金融機関に限定することにより取引先等を巻き込まず、かつ、手続も非公開とすることができるため、以上にみた法的整理の場合に生ずる対象企業の事業の毀損を防ぐことができる。また、私的整理では、その後の金融取引の継続が容易になり、企業の資金調達の観点でもメリットがあると考えられる。

事業の毀損を防ぐことができれば、債権者たる金融機関にとっても、債務者が将来得られるキャッシュフローやスポンサーの支援額をふやすことができ、法的整理を選択した場合の回収額を超える回収が可能となる（経済合理性）。また、事業の毀損

4　法的手続では、「少額債権」に該当する場合以外、金融債権と差を設け、一律に商取引債権を保護することは困難である（日本航空株式会社の会社更生手続で商取引債権が全額保護されたのは、きわめて例外的な取扱いである）。
5　後述のとおり、事業再生の局面では、事業の特性や具体的な契約関係に照らして、法的整理による再生になじむかどうかの検討も必要となることが多い。

の防止により事業再生が図られれば、より多くの雇用が維持されることになり、地域経済の維持に貢献することができ、ひいては金融機関自身の経営安定性にもつながるとのメリットも考えられる。

> **コラム　清算型法的整理と資産の毀損**
>
> 　債務超過の企業が廃業するとなれば、その出口については破産がイメージされることが多いであろう。たしかに、手続の公正性・公平性という観点では万全である。しかし、廃業即破産として固定的にとらえるべきでは必ずしもない。廃業すれば事業自体はなくなるものの、いきなり事業停止、破産となれば、その企業が保有する資産（特に売掛債権や商品在庫）は大きく毀損することとなり、債権者にとっての経済合理性にも影響を与えることとなるからである。債権者にとって、法的整理が望ましいとされる主たる理由は手続の公正性・公平性である。それらが担保されるのであれば、経済合理性の観点から、手続に柔軟性をもたせられないか、いわゆる廃業支援の観点から、一考に値すると思われる（第13章参照）。

b　手続の柔軟性

　また、私的整理のメリットとして、再生手法について状況に応じて豊富なメニューから選択でき、スケジュールを含めた手続も柔軟に設計・運用できる点があげられる。

法的整理は、多数の債権者を含めた利害関係人との間の法律関係を画一的に公正公平に処理するとの要請が働くことから、法律で所定の手続が定められている。裁判所の関与のもと、一定の柔軟な運用は図られるものの、手続は相対的に厳格であり、手続を開始すれば、所定の時期までに、一定の債権放棄等の権利変更を伴う再生か、それとも破産的清算かの選択を迫られることとなる。

　しかし、中小企業の事業の再生においては、対象企業の業種特性、規模、具体的な状況等により、求められる再生手法やスケジュールはケースバイケースである。たとえば、スケジュールについていえば、事業毀損防止への配慮等から迅速に手続を進めるべきケースもあれば、経営改善策を実施しながら時間をかけて事業性を見極めるべきケースもあり、また、その時々で方針の変更もありうる。そのようなケースでの事業の再生は、画一的な処理を前提とした法的整理で実現することは困難であるといえよう。この点、私的整理であれば、上述の一定の準則は存するものの、基本的には債権者と債務者との自主的協議により進められ、スケジュールを含め手続により柔軟性が存することから、中小企業の再生において有用な手段と考えられる。

コラム　法的整理が選択される場合

　金融機関において法的整理が選択される場合としては、事業や資産の毀損を考慮してもなお私的整理の経済合理性が確保で

きないと判断される場合が典型であるが、そのほかに、現役員等に著しい不正行為や否認対象行為（窮境時における公正性・衡平性を欠く資産・負債の変動等）があり私的整理では適正な是正が期待できない場合が考えられる。ただし、私的整理を躊躇させる問題点があったとしても、経済合理性が確保される限り、私的整理が模索されるべきことが多いと考えられる。外部機関や外部専門家の関与により、それらの問題が解消されることもありうるからである。

2 私的整理による事業再生に至るロードマップ

　ここで、私的整理による事業再生に至る過程を次の6つのステップに分けて概観してみる。金融機関としては、コンサルティング機能を発揮するためには、事業再生の流れを整理しておく必要がある。

① ステップ1　当初の見立て、再生に向けた手続の開始
② ステップ2　財務・事業の調査・検討
③ ステップ3　再生可能性の見極め、再生手法の検討
④ ステップ4　再生計画案の策定
⑤ ステップ5　再生計画案についての合意形成
⑥ ステップ6　再生計画の実行・モニタリング

(1) ステップ1　当初の見立て

　まず、当初の見立てとして、すでに入手している企業の情報（財務・事業・資金の状況）から、その企業の財務状況および収益力を想定し、再生のイメージをもつとともに、資金繰りの状況をもふまえ、方向性の見極めが必要となるタイミングを把握し、その後の手順についておおまかなスケジュールを立てることが必要となる。この段階での再生のイメージは、その後の財務・事業の調査検討の結果、変更されることもありうるもので、必ずしも固定的なものとする必要はないが、財務の毀損が

大きく抜本的な支援が想定されるケースや、事業性が弱く、見極めが容易ではないと考えられるケースでは、早い段階から、外部機関（協議会等）や外部専門家（弁護士・公認会計士等）を活用することが適切な場合が考えられる。本書では、事業性の厳しい企業についての対応を第5章で、事業性の見極めが容易ではないと考えられるケースとして粉飾決算の事案を第6章で取り扱う。第6章で述べるとおり、対象企業に重大な粉飾決算がある場合でも、一定の条件が整えば私的整理による事業の再生は可能であり再生を断念すべきではないが、事業性の見極めやモラルハザード等の観点から、外部専門家や外部機関の活用が必要となることが多いであろう。

　また、当初の見立段階で、資金繰りの把握・検討も重要である。事業の再生は、財務・事業の調査検討（窮境原因の抽出）→再生可能性の見極め（窮境原因の除去可能性の見極め）、再生手法の検討→再生計画案の策定→再生計画案についての合意形成と進むが、それらの手続には相当の期間を要し、その間に資金繰りが立ち行かなくなれば私的整理による再生はとん挫し企業は法的整理を余儀なくされる。したがって、その間の資金をどうやって確保しつなぐか、そのためにその企業が金融機関に要請する等とるべき対応は何かの検討がきわめて重要となる。全取引金融機関に対し元本返済猶予を要請したり、メインバンク等にプレDIP的な新規の融資を要請する等の対応である。この資金繰りが厳しい企業についての対応を第7章で取り扱う。

　さらに、資金繰りの観点のみならず、後日策定される企業の

再生計画案における公平性確保の観点からも、私的整理の手続の開始の時点で全金融機関に対し計画策定に要する期間、元本返済猶予を含む要請を行うのが通例である。そのような要請をする場合に、その段階で、複数の金融機関との調整を円滑に進め支援に向けた協調体制を整えるために、外部機関や外部専門家の活用が必要と考えられる場合も少なくない。

> コラム　**中小企業再生支援協議会の手続**
>
> 　再生支援協議会の手続は、窓口対応（第一次対応）、再生計画案の策定支援（第二次対応）、フォローアップ（モニタリング）からなる。再生支援協議会は、中小企業からの事業の再生に向けた取組みの相談を受け、当該企業に事業価値や再生の可能性があるかどうかを判断し（第一次対応）、それらがあると判断された場合には、第二次対応に移り、再生計画案の策定支援を開始する。再生支援協議会の手続には、再生支援協議会自らが選定した専門家による対象企業の財務および事業の状況を調査し、対象企業による再生計画案の策定を支援する場合（通常型）と、対象企業側がそれらを実施し策定した再生計画案を公平公正な第三者の立場から検証する場合（検証型）があり、また、それらに加え、今般の「出口戦略」を見据えて、金融機関等による再生計画の原案を協議会手続で確定し、債権者合意まで2カ月での処理を想定する新たな再生計画策定支援の取組みも開始されている[6]。そして、再生計画案が策定されれば、

> 計画案は、再生支援協議会の手続において対象債権者（金融機関）に提示され、合意形成に向けた金融機関間の調整が行われる。

　最後に、中小企業は、経営者の親族が経営を担っている場合が多く、それらの親族が株主、役員、保証人等さまざまな立場で経営に関与している（中小企業の問題は経営者の家族の問題でもある）。そして、当該企業が金融機関に対し、条件変更にとどまらない踏み込んだ金融支援を要請する場合、それらの者の責任を明確化することが求められる。したがって、それらの者の生活再建の視点をもふまえたうえで、要請する金融支援との関係で適切な責任の果たし方は何かが問われるのであり、十分な対話を経て経営者の納得を引き出すことが求められる。また、株主、役員、保証人等が一枚岩ではないケースも考えられ、それらの者から再生に向けて必要な協力は得られるかについても、早い段階で検討、確認しておく必要がある。

(2) ステップ2　財務・事業の調査・検討

　次に、ステップ1で検討したスケジュールに沿って、企業の財務・事業の調査・検討を行う。対象とする企業についてのいわば目利きが問われる局面であり、本書では第3章で取り扱う。

6　藤原敬三「金融円滑化法の出口に向けた中小企業再生支援協議会の対応」（金融法務事情1950号27頁以下）

このステップでは、定性面として、企業が窮境に陥った原因について抽出が行われ、その除去可能性が検討されるべきこととなり、また、定量面として、窮境にある企業について実態債務超過額の把握および正常収益力の把握が行われることとなる。この段階で、一見事業性の弱い企業についても、収益性の改善の余地があるかどうかが検討され、前倒しで実行に着手される場合もある（第5章参照）。

　また、これらの調査に困難が伴うケースとして、上述のとおり粉飾決算が行われているケース（第6章）が考えられる。粉飾決算は、財務・事業の両面で、企業の実態把握を困難とするとともに、金融機関の企業に対する信頼を損なうものであり、窮境原因の除去可能性の問題とも関連する。しかし、その程度は別としても、不適切経理は中小企業に少なからずみられるものであり、外部専門家の調査・分析を経たうえで外部機関の検証を得ること等により、客観性を確保しつつ再生の途を探ることは十分可能であることに留意すべきである。

(3) ステップ3　再生可能性の見極め、再生手法の検討

　ステップ2での財務・事業の調査内容に基づいて、企業の再生可能性の見極めが行われることになる。窮境原因が除去可能か、一定の金融支援が得られれば支援後の金融債務を返済できる収益力があるかが検討されることとなる。具体的には、数値面では、財務調査で把握された実態債務超過額と事業調査で把

握された正常収益力とのバランスから、実態債務超過解消年数および債務償還年数を算出し、金融支援の必要性および内容が見極められることになる。金融支援が必要と判断される場合には、その内容として、リスケジュール、金利低減、DES（債務の株式化）、DDS（債務の劣後化により資本とみなす手法）、債権放棄（直接債権放棄、第二会社方式による実質債権放棄）、新規融資・保証といったものが考えられるが、この内容については再生手法の主なものを第4章で述べ、第二会社方式に関する事例を第8、9章で、DDSに関する事例を第10章で取り扱う。

　ここで、再生可能性の見極めと再生手法の検討とは相互に関連する課題である。たとえば、事業性が厳しいこと等から自力では再生困難と考えられる企業でも、スポンサー（事業スポンサーもしくはファンド）の支援が得られれば再生が可能となるケースもあり、その場合には、スポンサーの考え方いかんによってスキーム（減増資スキームか第二会社方式か等）が変わってくることになる。本書では、スポンサーの活用事例について、第9章（第二会社方式の活用）と第11章（ファンド・サービサーの活用事例）で取り扱う。

　また、再生可能性の見極めをより大きな視点でとらえ、その企業の事業再生の意義についても確認、検討する必要がある。多くの場合は、雇用の確保や倒産による取引先・顧客への連鎖的な波及、地域経済への影響という観点であろう。たとえば、重大な粉飾決算がある場合があり、多大な金融支援を伴うような場合には、私的整理による再生の前提として、事業再生の意

義がより強く問われる場合もありうると考えられる。

　さらに、窮境原因の除去可能性という点では、中小企業の場合、ガバナンス（企業統治）の弱さが窮境原因である場合も少なくない一方で、それまで経営を担ってきた経営者が事業に必要不可欠であるようなケースも考えられる。実質債権放棄のような重い金融支援を要するケースでは、後述のとおり経営責任等も問題となるため、窮境原因を除去しつつ事業の維持継続を可能とする新たな経営体制を構築できるかどうかについても、再生可能性および再生手法を見極めるうえでは重要なポイントとなる。

(4) ステップ4　再生計画案の策定

　企業の再生計画案には、次のような項目が記載されるのが通例である[7]。

Ⅰ　企業の概要（事業の内容、決算数値の推移、取引金融機関の状況（債権残高、保全の状況）等）

Ⅱ　窮境に至る経緯・状況、窮境原因および除去可能性（財務・事業調査の結果の概要）

Ⅲ　再生計画案の骨子（再生手法、金融機関への要請事項の概要、新経営体制等）

Ⅳ　事業計画（損益・資金・貸借対照表計画）

---

[7]　ただし、要請内容がリスケジュールにとどまる場合には、Ⅴの内容は簡略化され、ⅥおよびⅦについては省略が可能となると考えられる。

> V　金融機関への支援要請内容(金融支援の必要性、相当性、衡平性)
> VI　経営者責任・株主責任・保証人責任
> VII　法的整理(破産等)との比較

　したがって、まず、再生計画策定の前提として、ステップ2において、上記の各項目を網羅するに足りる企業の調査・分析が行われていることが必要となる。

　以下、各項目の内容の要点を簡潔に示すと次のとおりである。

　まず、Iの企業の概要であるが、単に当該企業の過去から現在までのデータを掲げるのみならず、事業再生の意義が読み取られ、また、その後の記載事項との関連で、必要十分な事項を記載することが求められる。

　IIについては、窮境に至る経緯、窮境の状況(実態債務超過額、過剰債務額等)、窮境原因(外部環境要因、内部環境要因)および除去可能性について、財務・事業調査の結果をふまえて記載する必要がある。取引金融機関からみて、客観性が確保されているとみられる方法により資産・負債が査定されており、かつ、窮境原因についても客観的・網羅的に記載され、その除去可能性が検討されることが必要となる。

　IIIについては、IIをふまえて選択した再生手法を含めた再生計画案の骨子を記載する。自主再建型・スポンサー型の別、金融支援要請の内容はDDSか実質債権放棄か、スキームは第二

会社方式か否か等がここで記載されることとなる。また、窮境原因の一端がガバナンスの弱さにある場合には、それを除去すべく新たな経営体制を構築することが求められることとなるので、ここでその体制を記載することとなる。いずれにせよ計画は実行可能なものでなければ金融機関の合意が形成されえないことから、窮境原因の除去のための適切な措置がとられていることが確認できるものでなければならない。

Ⅳでは、再生計画の中核をなす事業計画について、損益計算書・貸借対照表・キャッシュフロー計算書の三表を記載するのが一般的である。当該企業の最大限の自助努力を前提に、選択した再生手法を織り込み、金融支援要請を前提とした場合、実態債務超過解消がいつ達成され、債務がどのように返済されるのかを明らかにするものである。また、ここでは、再生手法に伴う税務上の処理がどのようになるかについても、外部専門家（税理士）の確認を得ておく必要がある。

Ⅴでは、各取引金融機関ごとに、金融支援を要請する内容を記載するものである。ここでは、全体として企業の状況に応じた必要かつ合理的な支援要請が行われているか（金融支援の必要性・相当性）や、金融機関間の衡平性が保たれているかに留意する必要がある。金融機関間の衡平性については、私的整理においては、実質債権放棄等の金融支援を要請する場合、担保でカバーされない信用残高の割合（非保全プロラタ）をベースに支援要請が行われることが多いが、事案に応じて、実質的な見地から、合理的な変更や区別を行うことは一般に許容されて

おり、衡平という概念は形式的なものではなく実質的な平等を意味するものであることに留意が必要である[8]。

Ⅵでは、経営者責任・株主責任・保証人責任を記載する。経営者責任には、窮境原因に関与した経営陣の退任等、経営体制を刷新する場合にはその旨を記載する。債権放棄等の金融支援が必要となる場合には、これらの責任の明確化は避けられず、経営者・株主・保証人の納得を得ることが必要となる。

ただし、経営者責任については、中小企業の場合、経営者がその事業の維持・継続に必要不可欠な場合も少なくなく、窮境原因に関与したからといって一律に経営から排除することが適切ではない場合もありうる（その場合、旧経営陣の経営への関与の継続を内容とする計画の場合には、報酬の減額や役員貸付金の放棄等によって経営者責任を尽くすことが考えられる）。したがって、後継者の存否やガバナンス強化のための外部からの人材登用の可否等を見極めながら、ある程度柔軟に新たな経営体制の構築を図る必要がある。

株主責任は、債権放棄等の金融支援を要請する場合に、既存の株主に責任を果たしてもらうとの観点から、その権利を放棄してもらうことを意味するものであり、その手法としては、会社による既存株式の無償取得・消却や後継者への無償での株式譲渡等が考えられる。

---

8 たとえば、民事再生手続等の法的整理においても、少額な債権について、計画において、全額弁済したり、免除率を変えることは衡平を害しないとされている。

保証人責任は、債権放棄等の金融支援を要請する場合に、金融機関からの借入れについて保証している保証人に、適切に保証履行をしてもらい、主債務者である企業に対する求償権を放棄してもらうことを意味する。この場合に、保証人が経営者のコントロールの及ばない者である場合の取扱いが問題となることがありうるので注意が必要である。また、当該保証人の生活再建の視点等をふまえ、保証人の資産・負債の状況を明らかにさせ、その内容が正確であることについて表明・保証を得たうえで、相当額の資産の提供を受けることにより、残余の保証債務を免除することが計画に織り込まれることもある。いずれにせよ、責任を果たすことが即退任とか、即破産ではないことに留意が必要である。

　Ⅶにおいては、法的整理との比較において、計画に基づく弁済について、金融機関にとって経済合理性があるかどうかを検証する必要がある。破産の場合はもちろん、民事再生等の再建型であっても、法的整理に至れば、いわゆる倒産情報として広く認知され、また、取引先をも巻き込む結果、事業や資産価値が大きく毀損し、業種によっては、再生自体が不能となることも想定される。したがって、破産的な清算を行った場合において、一般的に行われている資産の減価・負債（清算費用等）の増大や租税・退職金等の優先債権を加味した想定清算配当率を算出し、それとの比較において、債権者にとって有利であれば、最低限の経済合理性は保たれるものと考えられる。

> **コラム** **中小企業再生支援協議会手続における再生計画案**
>
> 協議会手続における再生計画案の内容については、再生支援協議会の事業実施基本要領において定められ、公表されている（基本要領6(5)）。項目としては、対象企業の自助努力、数値基準の充足（実質債務超過原則5年以内解消、経常赤字原則3年以内の解消、再生計画の終了年度における有利子負債の対キャッシュフロー比率がおおむね10倍以下）、経営者責任・株主責任の明確化、対象債権者間の平等、法的整理との比較における経済合理性があげられている。なお、上記数値基準については、「企業の業種特性や固有の事情等に応じた合理的な理由がある場合」にはそれを満たさない計画も排除されないことが明記されている。

(5) ステップ5　再生計画案についての合意形成

　私的整理の場合、再生計画案が策定されると、基本的には全取引金融機関の同意を得るべく、全取引金融機関の参加を求めてバンクミーティングを開催する等して、再生計画案を説明し、質疑を経た後に、一定の期限を設け、同意を求めることとなる。取引の経緯や内容等立場の異なりうる金融機関が多数存在すること等から、金融調整が難航すると予想される場合には、外部機関や外部専門家の協力を得ることが考えられるが、その場合には、早い段階から関与を求めることが望ましい。ま

た、基本的には、合理的な内容の再生計画案であればあってはならないことではあるが、資金繰り等の観点から期限に同意が得られなければ私的整理を断念せざるをえない事情がある場合には、その旨をも全取引金融機関に説明したうえで、万が一に備えたバックアッププランとして、外部専門家（弁護士等）の関与のもと法的整理への移行等をもあわせて検討・準備せざるをえないことも考えられる。

(6) ステップ6　再生計画の実行・モニタリング

　ステップ5で再生計画案が成立すると、その実行および進捗管理としてモニタリングというステージとなる。計画の実行については、たとえば、スポンサー型でスポンサーとの交渉を要したり、スキームが複雑である場合等においては、再生計画の実行に外部専門家が必要であるから、あらかじめ関与を得る必要がある。

　進捗管理については、たとえば半年というように一定の期間ごとに、当該企業から報告を得ることにより計画の進捗を管理し、取引金融機関間で情報を共有するような取組みが行われることとなる。なお、進捗管理のうえでは、当該企業の財務数値の信頼性が確保されることが前提となるから、そのために必要な体制（新経営体制でカバーするか、会計士・税理士等の外部専門家を関与させるか）をあらかじめ再生計画に織り込んでおくことが望ましい。

(7) まとめ

中小企業の再生へ向けたロードマップは概要以上のとおりである。事業の再生が成功するかどうかは、以下①～⑦に示す点に留意しつつ、取引金融機関の積極的な理解と協力が得られるかどうかにかかっている。

---

① 企業についての適切な状況把握（財務・事業・資金および窮境原因）
② 状況に応じた適切な対応策・支援策（窮境原因の除去策、金融支援）
③ 客観性・納得性のある計画の策定
④ 計画策定・実行までの資金繰りの確保
⑤ 経営者を中核とする関係者の納得性の確保と自主的な取組みの促進
⑥ 計画策定・実行までの情報漏えいによる事業毀損防止
⑦ 計画実行までのリスクの洗出しとそれに対する対応

---

①～⑤についてはすでに触れたところであるので、⑥、⑦について述べると、まず、計画策定・実行までの当該企業についての情報管理はきわめて重要である。抜本的な再生を検討していることやスポンサー選定手続をしていること等が取引先に漏れることによる信用収縮・取引解消等による事業への悪影響はきわめて大きい場合がある。また、株主・保証人や主要取引先

の協力が再生の不可欠な前提をなす場合にその協力が得られないリスク等、想定されるリスクは早めに洗い出し、それに対する万が一の対応を検討することが事業再生の鍵となることもありうるので留意が必要である。

　いずれにしても、金融円滑化法の「出口戦略」として、中小企業の事業の再生への積極的な取組みがいままさに必要な局面にあり、そのための環境は整っている。ぜひとも、以下の各章をご参照いただき、支援を必要としている多くの中小企業の事業の再生に向け、参考としていただければ幸いである。

第3章

再生の対象となる企業

1　再生可能性の見極め

　すでに述べたとおり、金融円滑化法の「出口」を迎え企業自身もしくは金融機関による「再生可能性の見極め」が求められており、いままさにその時期が迫っている。

　では、中小企業の再生可能性はいかにして判断すべきか。

　再生を検討すべき中小企業（事業）においては、表面的には、①損益・キャッシュフロー面で赤字体質となっており、②財政面では過剰債務・実質債務超過の状態であり、③当面の資金繰りにも窮しているようなケースが想定される。

　そして、上記のような窮境状態の原因は、「ヒト（経営者）」「モノ（事業性）」「カネ（金融取引・借入金[9]）」の諸問題に帰結し、これら窮境原因を除去することによって、表面的な問題の解決を果たすことになる（35頁図表１）。

　これら諸問題のうち、再生可能性の検討初期段階において最も重要な要素は「モノ（事業性）」の見極めである（35頁図表１Ａ）。当該事業そのものにキャッシュフロー（≒利益[10]）を生み出すポテンシャル（黒字継続の潜在力）がなければ、いくら優秀な経営者や潤沢な資金があったとしても再生は果たされない。換言すれば、ヒトやカネに問題を抱えていようとも、モノ

---

[9]　信用供与を伴う重要な仕入先（商社等）が加わるケースもある。

図表1　表面的な経営課題と窮境原因

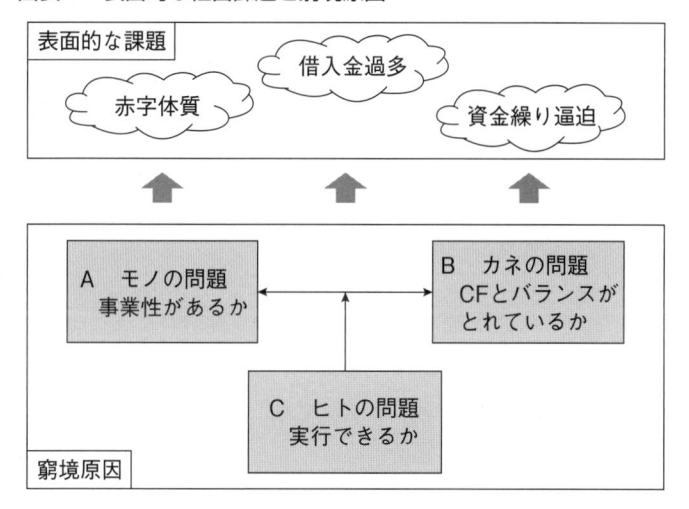

表面的な課題
- 赤字体質
- 借入金過多
- 資金繰り逼迫

窮境原因
- A　モノの問題　事業性があるか
- B　カネの問題　CFとバランスがとれているか
- C　ヒトの問題　実行できるか

にポテンシャルが見出せれば再生の可能性はあるものと判断できる。

　次に、事業黒字をいくらまで改善すればよいのだろうか。これがモノとカネ（金融取引・借入金）とのバランスの問題である（35頁図表1B）。再生企業は、①まず短期的な資金繰りの問題を回避し、②次いで金融取引を安定化させ、③ひいては事業のさらなる発展を目指すことになる（36頁図表2）。しかしなが

10　キャッシュフローにはさまざまな定義があるが、「中小企業再生支援協議会事業実施基本要領」Q&AのQ26では、平成14年12月19日付「企業・産業再生に関する基本指針」（産業再生・雇用対策戦略本部決定）および平成15年4月10日付「我が国産業の活力の再生に関する基本的な指針」（経済産業省告示第129号）に定義されたキャッシュフロー＝経常利益－法人税および住民税等－社外流出（配当・役員賞与）＋減価償却費±引当金増減、によるものとしている。

図表2 再生企業のカネの問題

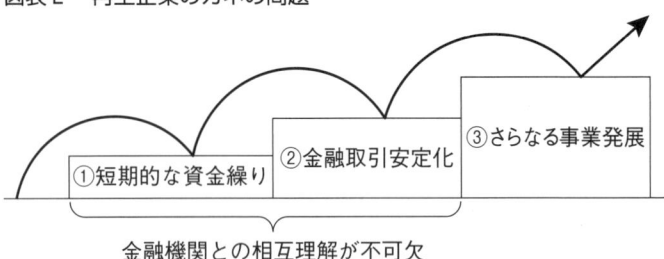

①短期的な資金繰り　②金融取引安定化　③さらなる事業発展

金融機関との相互理解が不可欠

ら、上記①と②の問題は金融機関の十分な理解が前提となるため、企業は金融機関の視点も理解したうえで目標とするキャッシュフロー水準を決定する必要がある。そして、目標キャッシュフロー水準と現状のキャッシュフロー水準との乖離を諸施策で埋めることができれば、事業価値と借入金のバランスが保たれ、金融取引の安定化につながっていくのである。

最後に、これらの諸施策をヒト（経営者）が現実的に実行できるか、について検討しなければならない（35頁図表1C）。固定費削減等の効果の発現しやすい施策であれば、現経営陣でも実現可能かもしれない。しかし、減収局面の企業において売上高拡大施策を企図しているような場合、現経営陣による実行可能性に疑問が残る場合もありうる。一方で、中小オーナー企業においては、経営者の流動性が低く、プロパー人材も層が薄いことが多い。そのため、現経営陣でも実行可能な確実な施策によって目標利益を達成するか、大胆な施策の実行を前提に経営陣の交代を企図するかは、達成すべき利益改善幅の度合いによって判断されよう。

2 再生可能性の検討内容

(1) 事業ポテンシャルの見極め（モノ）

再生の可能性判断において最も重要な要素は、「モノ（事業性）」の見極めであるが、この際、上述したように「ヒト」の問題は度外視し、あくまでも事業そのものに黒字化維持のポテンシャルがあるかについて焦点を絞るべきである。

具体的には、以下のような点について、改善の可能性を検討する。

① 不採算部門・不採算商品はありそうか
② 固定費（人件費・経費等）の削減余地はありそうか
③ 過去には収益性があったか
④ 同業他社は利益が出ているか
⑤ 固定化した取引先の変更による利益改善余地はありそうか
⑥ 売上げ・粗利の拡大余地はありそうか

決算書上の損益計算書をいくら眺めていても、具体的な改善施策は浮かんでこない。

過去の業績や同業他社と「比較」することや、損益計算書を事業特性に基づいて「分解」すること等によって、自社業績を客観的に見つめ直すことが検討の第一歩となる。

そして、「同業他社では黒字なのに、なぜ当社は赤字なのか」「過去10年間売上高は低減傾向にもかかわらず、固定費はなぜ減少していないのか」「社長肝いりのA事業が大幅な赤字となっているが撤退できないのか」といった素朴な疑問をもつことによって、具体的な改善のイメージをふくらませるのである。

経営者や金融機関担当者が、上記のような検討によっておおむね改善の兆しを見出すことができそうであれば、さらなる詳細検討を行うことになる。この際、企業自身が十分な分析検討能力を備えていない場合は、外部専門家等の活用も一考であろう。

> コラム **外部環境と事業性**
>
> （あなたの会社の売上高はGDPの何％？）
>
> 窮境にある企業のなかには、「景気見通しが不透明・当社事業は特殊な業界・政策に大きく左右される」等の外部環境を理由として、足元の事業改善の議論に着手しようとしない企業もある。
>
> マクロ動向による影響を分析することも大事だが、そもそも中堅中小企業が大企業と伍して再生を果たすためには、当該企業特有の技術や経営ノウハウを駆使して、大企業にはなしえない小回りの利いた事業展開を実行することが肝要であって、その観点から当該企業の事業そのもののポテンシャル（再生可能性）を検討すべきであろう。

> 経済環境（外部環境）の良しあしを理由に、再生の検討を放棄することは本末転倒である。

(2) 財務健全性の見極め（モノとカネのバランス）

過剰債務を抱えている企業においては、事業のポテンシャルを確認し黒字化が果たせそうだとしてもそれだけでは「カネ（金融取引・借入金）」の問題は解決しない。

モノから生まれるキャッシュフローによって現状の借入金を返済できるかが重要であり、モノとカネのバランスが保たれているか否かを見極めなければならない。

この点、金融機関はモノとカネのバランスを測る物差しとして、債務償還年数という概念をもっており（本来は業種等も勘案する必要があるが）、当該年数がおおむね10〜15年以内が健全であるとの見方であることが多い。

これは、金融機関が貸出先企業の事業価値をキャッシュフローの10〜15倍として認識し、当該事業価値を超える借入金[11]を背負うことは財務健全性の観点から望ましくないとみている[12]、とも言い換えることができる（40頁図表3）。

そのため、簡単な試算ではあるが、企業が当面の間、目標と

---

[11] 厳密には、キャッシュフローと比較すべきは要償還債務であり、要償還債務＝借入金－現預金－運転資金（売上債権＋在庫－仕入債務）と把握される。
[12] 実務的には、事業価値に加えて、当該企業（およびオーナー個人等）の有する資産価値を含めた総合判断となる。

図表3 キャッシュフローと事業価値、借入金の関係

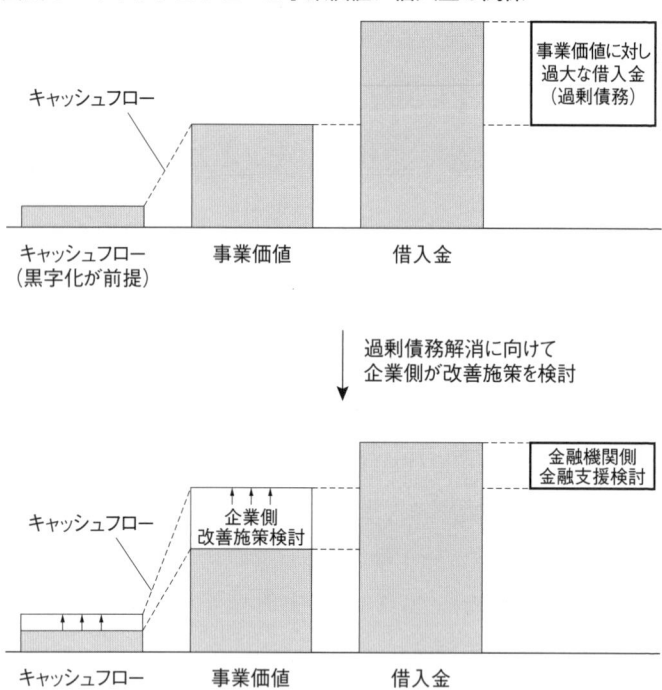

すべきキャッシュフローの金額は「借入金÷10〜15」が目安となる。

これにより、試算した目標キャッシュフロー額と事業改善後のキャッシュフロー額を比較し、目標キャッシュフロー額に達していなければ、再度事業改善の具体的な施策を検討する、という繰り返しを行うことで、モノとカネの健全なバランスを追求し、金融取引の安定化を促すことが重要となる。

> **コラム　実質債務超過解消年数**
>
> 　企業経営の健全性を測定する概念として債務償還年数に加えて、実質債務超過解消年数がある。実質債務超過解消年数は、実質債務超過[13]が最終利益（税引後当期利益）によって何年で解消されるかを示すものである。
>
> 　債務償還年数が企業の中期的なキャッシュフローに基づく事業価値に着目しているのに対し、実質債務超過解消年数は企業の財政状態が健全化するまでの期間を指している。財政状態が不健全な企業への融資は困難であり、実質債務超過は早期解消が望まれることから、一般的な指標として3年から5年以内とされている。

(3)　経営陣の見極め（ヒト）

　モノのポテンシャルとカネとのバランスが見極められれば、最後に「ヒト（経営者）」の実行力の見極めとなる。端的にいえば、その事業改善施策を現経営陣が実行できるのか、という問題である。

　ここで、中小企業における重要な問題としての人材不足が障

13　実質債務超過は、実態貸借対照表における債務超過金額を指す。また、実態貸借対照表とは、決算上の貸借対照表から一般に公正妥当と認められた会計基準に基づく修正等を施した企業の実態の貸借対照表である。

壁となる。大企業であれば、優秀な社内中堅・若手層からの大抜擢等による改革等も可能であろうが、中小企業の経営資源は全方位的に限られており、特に人材面においては不足感が顕著である。

　しかし、人材不足の点で再生を諦めてはいけない。現状の人材はある要素を付加することで変わる可能性を秘めている。

　すなわち、危機感である。

　再生の過程において、危機感の醸成とその管理はきわめて重要な要素であり、これによって企業の実行力も変容することがある。そのため、経営トップあるいはメイン金融機関は現状の経営陣を諦観することなく、現状の危機状態を数値とともに可視化し、危機感を企業内に醸成することに注力すべきである。

　しかし、これらの危機感の醸成をもってしても、施策内容が大胆で実行力に疑問が残る場合や、経営者が窮境の根本原因であるような場合等には、経営陣の変更も視野に入れることになる。

　ただし、経営陣の変更を現経営陣自らが客観的に認識して実行することは困難なケースが多く、現経営陣と金融機関間の対話や外部専門家の活用等によって、新経営陣の招聘、スポンサー企業の選定や再生ファンドの活用等の対応策を探ることが多い。

　なお、当然ながら経営陣の変更を検討する際には、現経営者がどの程度企業事業基盤を支えているのか、またその代替性はあるのかについて十分な検討を加えなければならない。

> **コラム**　「ガバナンスの欠如」という問題
>
> 　中小企業の再生を検討するにあたり、金融機関から、よく「ガバナンスの欠如」が問題とされ、「本来であれば当該企業に力はあるはずだが、現経営陣では実行力に疑問が残る」として、それ以上の再生に向けた検討が行われないケースがある。
>
> 　しかし、事業性のポテンシャルが見出せるような企業であれば、現経営陣に対するその時点の印象論のみで判断せずに、再生可能性を検討したい。
>
> 　後述するように、事業再生という取組みの過程で、金融機関や外部専門家とのコミュニケーション等を通じて、現経営陣の意識改革を果たしていくことも重要である。また、現経営陣で実行可能な施策は何か、経営陣交代の可能性はないか、金融機関や外部専門家によりガバナンスを補完する方法がないか、という検討も有益であろう。

(4) 金融機関による支援の検討

　企業が不断の決意をもって事業改善に取り組み、その効果が十分に発揮されそうであったとしても、その結果生み出されるキャッシュフローが、過去の赤字や本業外投資等に起因した多額の借入金に比して過少（借入金がキャッシュフローに比して過大）となってしまうようなケースの場合、モノとカネのバランスをとるために、金融機関に一定の金融支援を依頼することが

ある。

　金融支援の手法の詳細は第4章にて詳述するが、①足元のキャッシュフローと約定弁済がアンバランス（弁済負担が大きい場合）でも中期的にはバランスするような場合にはリスケジュールやDDS、②中期的な観点からもキャッシュフローと借入金がアンバランスであれば抜本的な金融支援（DES・債権放棄）等が考えられる。

　実務的には、金融機関自身も上述したような検討プロセスを踏んだうえで、以下のような事項を総合的に勘案して、金融支援の手法と必要性を検討されていることが多い。

① 　当該企業の地域経済に与える影響度合い（社会性／公共性・雇用・外注下請けへの影響等）
② 　事業キャッシュフローに対する支払金利＋元本弁済の負担度合い
③ 　事業継続に必要な運転資金・投資資金の必要性

なお、抜本的な金融支援を検討するような場合、外部専門家の関与や協議会などの公的機関の活用等もあわせて検討されている。

(5) まとめ

　金融円滑化法のもと、貸付条件の変更を受けてきた企業の多くは、「赤字継続、人材不足、過剰債務、資金繰り逼迫」といった諸問題を抱えている。

　そのなかから、事業性を見出し、危機感を醸成して組織を牽

引し、資金的な問題を解決に導いて事業発展を促すことは、経営トップの責務であり、同時に金融機関担当者の慧眼によるところも大きい。特に地方のメイン金融機関は長年の金融取引や地域経済への幅広い視野を通じて、当該事業のポテンシャルを見抜くことができる立場にあることから、1社でも多くの企業（事業）を再生の軌道に乗せられるよう切に願うものである。

第4章

金融支援の手法

金融庁の「中小・地域金融機関向けの総合的な監督指針」（以下「監督指針」という）において、事業再生や業種転換が必要な顧客企業に対して金融機関が提案するソリューションの例として、「貸付けの条件の変更等を行うほか、金融機関の取引地位や取引状況等に応じ、DES・DDSやDIPファイナンスの活用、債権放棄も検討」することがあげられている。

　以下では、上記のうち、既存債権についての金融支援の手法として、貸付けの条件の変更（リスケジュール）、債権放棄およびDES・DDSについて解説する。

1 リスケジュール

(1) リスケジュールとは

　リスケジュールとは、債務者の借入金の弁済条件を変更し、一定期間、元本の返済を減額ないし据え置くことをいう。

　リスケジュールは、債務者のキャッシュフローを改善し、結果として債務者の財務状態を正常化することを目的として行われる。

　金融機関としても、「実現可能性の高い抜本的な経営再建計画」（いわゆる実抜計画）または「合理的かつ実現可能性の高い経営改善計画」（いわゆる合実計画）に基づくリスケジュールであれば、金融機関マニュアルによる自己査定上の債務者区分におけるランクアップや貸出条件緩和債権からの卒業により、貸倒引当金の戻入れや銀行法および金融再生法に基づく開示債権からの除外をすることが可能になる。

　リスケジュールは、最初に検討される金融支援手法であり、実務上も多くの案件で活用されている。

> **コラム　実抜計画、合実計画**
>
> 　金融機関は、経営の健全性を確保するために、自らの有する

資産(貸出債権等)について、債務者ごとに自己査定を行って正常先、要注意先、破綻懸念先、実質破綻先、破綻先に分類し(債務者区分)、その結果に基づいて引当等をすることが求められる。また、金融機関は、金融再生法や銀行法に基づき、それぞれ定義される貸出条件緩和債権を含めた一定の分類に該当する債権(要管理債権等)について開示することが求められている。したがって、債務者区分や貸出条件緩和債権への該当性の変更等は、金融機関の経営の健全性にかかわる重要な関心事となる。

金融庁の監督指針によれば、「実現可能性の高い抜本的な経営再建計画に沿った金融支援の実施により経営再建が開始されている場合」には、開示の対象となる貸出条件緩和債権には該当しないこととされている(実抜計画)。そして、「抜本的な」の意義については、おおむね3年後の債務者区分が正常先になること(おおむね3年後の実質債務超過解消)とされつつ、中小企業については、経営改善に時間がかかることが多いことから、「経営改善計画等の計画期間が原則としておおむね5年以内であり[14]、かつ、計画の実現可能性が高」く、「計画期間終了後の当該債務者の債務者区分が原則として正常先となる」等一定の要件を満たす「合理的かつ実現可能性の高い経営改善計

---

[14] 経営改善計画等の計画期間が5年を超える場合でも、おおむね10年以内で、「経営改善計画等の策定後、経営改善計画等の進捗状況が概ね計画どおり(売上高等および当期利益が事業計画に比して概ね8割以上確保されていること)であり、今後も概ね計画どおりに推移すると認められる場合も含む」とされている。

> 画」(合実計画) も、実抜計画とみなしてもよいこととされている[15]。

(2) リスケジュールの対象となる企業

リスケジュールは、債務者の将来のフリーキャッシュフローを弁済原資として、合理的な期間内に有利子負債の全額を返済することが可能な場合にとりうる金融支援手法である。

合理的な期間を超える長期のリスケジュールは、債務者および金融機関の双方にとって好ましいものではない。リスケジュールの基礎となる債務者の事業計画は、将来予測を含むものであるから、リスケジュールの期間が長期になるほど、事業計画の信用性は低くなり、債務者が事業計画を遂行できずに二次破綻に至るおそれが高まるからである。合理的期間内に返済の見込みがなければ、リスケジュールではなく、債権放棄等による抜本的な金融支援を検討する必要がある。

合理的な期間とは、債務者の業種、規模等によりケースバイケースであるが、一応の目安を示すとすれば、再生支援協議会の事業実施基本要領（以下「基本要領」という）が参考になると思われる。基本要領では、再生計画の内容として、実質的債務超過状態の解消期間について原則5年以内をメドとするとされており（基本要領6⑷②）、また、要償還債務の償還期間に関

---

15 金融検査マニュアル別冊〔中小企業金融編〕5.⑵ホ

して、実質的債務超過状態の解消後における要償還債務の対フリーキャッシュフロー比率（（有利子負債－現預金－正常運転資金）／（税引き後当期純利益＋減価償却費））が原則としておおむね10倍以下であることが求められている（基本要領6(5)④）。これを参考とすれば、中小企業がリスケジュールによる金融支援を受ける場合の合理的な期間とは、当該中小企業が実質的債務超過状態にある場合にはおおむね15年以内（3～5年以内をメドに実質的債務超過状態を解消し、その後10年以内をメドに要償還債務を償還する）、当該中小企業が実質的債務超過状態に至っていないときは10年以内が一応の目安となると考えられる。もっとも、製造業等多額の設備投資が必要となる事案などにおいては、上記の期間を超えても合理的な期間として許容されるケースもあろう。

2 債権放棄

(1) 債権放棄とは

　債権放棄とは、債権者が債務者の債務を免除することをいう。債権放棄は、債務者の財務内容とキャッシュフローを改善させることを目的として行われる。

　債権放棄の典型例は、債権者が債務者に対し直接的に債務の免除を行うケースである。このほか、債務者に不採算事業（バッド事業）を残して採算事業（グッド事業）を会社分割または事業譲渡により別の会社に移し、債務者を特別清算または破産により清算するいわゆる第二会社方式（後述(2)）やサービサー等への債権売却（後述(3)）も債権放棄の代替手段であり、実質的には債権放棄の一手法といえる。

　債務者の事業の再生は、一次的には人件費・管理費等の費用削減、新規の収益機会の獲得といった債務者の自助努力によって達成されるべきものであるが、いかに自助努力を行ったとしても合理的期間内に返済が不可能であるほど借入債務が過剰である場合には、債権放棄が検討されることになる。合理的な期間については、1(2)で述べた期間が一応の目安となると思われる。

(2) 第二会社方式（第8、9章参照）

　第二会社方式とは、対象会社に不採算事業（バッド事業）を残して採算事業（グッド事業）を会社分割または事業譲渡により別の会社に移し、対象会社を特別清算または破産により清算する手法をいう。新会社が承継する採算事業については、採算性に見合う適正な負債規模となるため、採算事業の再生を図ることができる。新会社の株主には、中小企業の場合、旧経営陣の親族等（第8章参照）がつくことが多いが、外部スポンサーがつく場合もある（第9章参照）。第二会社方式は、旧会社に残す金融債権が対象会社の特別清算または破産の手続を通じて実質的に放棄されるため、債権放棄の一手法といえる。

　第二会社方式は、①債権放棄により生じる債務免除益を繰越欠損金等により解消できない場合にも、債務免除益課税を回避することが可能であり[16]、また、②スポンサー付きの事業再生

図表4

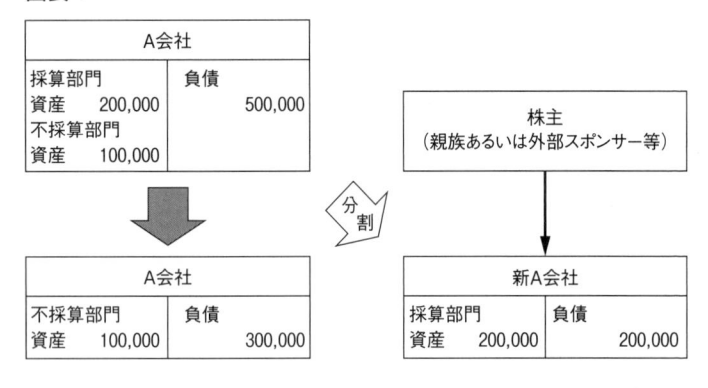

A会社	
採算部門 資産　　200,000 不採算部門 資産　　100,000	負債 　　　500,000

株主
（親族あるいは外部スポンサー等）

⇩　　　⇨ 分割

A会社	
不採算部門 資産　　100,000	負債 　　　300,000

新A会社	
採算部門 資産　　200,000	負債 　　　200,000

の場合に、簿外債務や偶発債務を遮断し、スポンサーのリスクを低減することができること等から広く活用されている。

また、第二会社方式は、旧会社を特別清算（または破産）という法的整理手続に移行させるスキームであり、債権放棄は法的整理手続において行われることから、存続する企業に対し自らの意思で直接債権放棄をするよりも、金融機関として応じやすく、結果として金融支援が受けやすいといわれている。

以上のような利点があることから、協議会スキームを活用した再生案件において債権放棄を要する事案については、第二会社方式が多く利用されている[17]。

ただし、第二会社方式においては、許認可によっては新会社への承継が認められない場合や新会社での許認可の取得に時間を要する場合があり、また、承継に伴い生ずる不動産の登録免許税や不動産取得税等の費用が生じうることに留意が必要である[18]。

コラム　濫用的会社分割

従前より、第二会社方式が濫用される事例がみられる。会社

16　第二会社方式の課税問題については、『実践的中小企業再生論〔改訂版〕』第3部第7章197頁以下に詳しい。
17　『実践的中小企業再生論〔改訂版〕』第2部第5章127頁参照。
18　この点については、再生計画について産活法に基づく経済産業大臣の認定を受けると、許認可承継の特例扱い、登録免許税や不動産取得税の軽減等の支援を受けることができる。

分割において、会社法上、債権者保護手続の対象となる債権者が会社分割後に旧会社に対して債務の履行を請求することができない旧会社の債権者に限られていることを悪用し、グッド事業を切り出し、その資産や債権・債務を新会社に承継させ（新会社に承継される債務について旧会社に重畳的に債務引受をさせ）、金融機関の了承を得ることなく、旧会社に実態債務超過部分の金融債務を残すという手法である（金融債権者は旧会社に請求できるため、債権者保護手続の対象とはならないことを利用して、了承を得るどころか、なんらの通知もせずに会社分割を強行するケースもある）。

そして、最終的には、旧会社に割り当てられたグッド事業を承継した新会社の株式を第三者に譲渡し、旧会社を清算することがもくろまれる。その背景としては、近年、「企業再生コンサルタント」を標榜する一部の者がそのような会社分割を企業に推奨していたこともあげられる。本来、事業再生は透明性、公平性を重要な理念として進められるべきであり、このような会社分割は、債権者の意向を無視して、恣意的に選別した一部の債権者のみを優遇する点で債権者間の公平を害し、「濫用的会社分割」と評価されるべきものである。最高裁は、そのような会社分割について、債権者の詐害行為取消権を認める判断を示した（最判平24.10.12）。また、立法面でも、「濫用的会社分割」に対応するべく会社法改正作業が進められており、平成24年9月に法務省の法制審議会で採択された「会社法制の見直しに関する要綱」では、「濫用的会社分割」に対する債権者保護

> の規定として、新会社に承継されない債権者が、一定の場合に、新会社に対して新会社が承継した財産の価額を限度として当該債務の履行を請求することができるとする規定が盛り込まれている。

(3) 債権売却（第11章参照）

a 債権売却とは

　金融機関がサービサー等に自らが保有する対象企業に対する貸出債権を売却することも金融支援の一手法として用いられている。たとえば、金融支援の内容として債権放棄を要する事案において、窮境に陥った当該企業の実態を反映した価格（通常は債権の額面額を大きく下回った額）で売却が実施されれば、その後において、債務者が、サービサー等からその債権を買い戻したり、一定額を分割弁済し、残額の放棄を受けたりすることにより、事業の再生を図ることができる。したがって、そのような債権売却は、金融機関が自ら債権を放棄する手段に代替するものであり、実質的には債権放棄の一つといえる。

b サービサーとは

　サービサーとは、債権管理回収業に関する特別措置法に基づき法務大臣の許可を受けた債権管理回収業者をいい、平成24年12月12日現在、全国で96社が存在する。監督指針において、事業の持続可能性が見込まれない顧客企業に対する金融機関が提案するソリューションに関し、その実効性を高めるための外部

専門家・外部機関等との連携として「慎重かつ十分な検討と顧客企業の納得性を高めるための十分な説明を行った上で、税理士、弁護士、サービサー等との連携により顧客企業の債務整理を前提とした再起に向けた方策を検討」することがあげられており、サービサーの活用が想定されている。

c 企業再生ファンドとは

　監督指針において、事業再生や業種転換が必要な顧客企業に対する金融機関が提案するソリューションに関し、その実効性を高めるための外部専門家・外部機関等との連携として「企業再生ファンドの組成・活用」があげられていることを受けて、各地において、地場の金融機関等を中心に企業再生ファンドの設立が進められている（第11章「コラム　地域再生ファンドについて」参照）。

　そして、この企業再生ファンドによる事業再生の手法の一つとして、ファンドによる金融機関からの貸出債権の買取り（債務者企業の実態を反映した債権の額面額より低い価格での買取り）も行われている。

　企業再生ファンドによる支援手法には、金融機関から債権を買い取る手法（デット型）のほか、中小企業に対し出資をするという手法（エクイティ型）がある。企業再生ファンドは、中小企業の事業再生後に、デット型においてはリファイナンス等により、エクイティ型においては株式を転売することにより投資を回収して利益を得ることになる。

3 DDS・DES

(1) DDS（第10章参照）

a DDSとは

DDS（Debt Debt Swap）とは、既存の債務を別の条件による債務に転換することをいう。通常、金融機関の既存の貸出債権を他の債権よりも劣後する条件に変更する意味で用いられる。

DDSは、貸出債権の劣後化により元本弁済を一定期間猶予すること等により債務者のキャッシュフローを改善し[19]、結果として債務者の財務状態を正常化することを目的として行われる。また、DDSは、債権放棄ではないことから債務免除益課税の問題が生じない、実質的に資本が強化されることから債権放棄と比して新規融資を受けやすいといったメリットがある。

金融機関としても、劣後化されるとはいえ、債権を放棄するわけではなく、また、金融検査マニュアル別冊〔中小企業融資編〕に定められた基準を充足することを条件として、自己査定上劣後化された債権の全部または一部を当該債務者の資本とみなすことができ[20]、当該債務者の債務者区分をランクアップさ

---

[19] 協議会版「資本的借入金」において、適用金利が「事務コスト相当」もさしつかえないとされていることから、多くのDDSの商品において、DDSにより金利低減効果をも見込むことができる。

せることが可能となる、というメリットがある。

なお、金融検査マニュアル別冊〔中小企業融資編〕には、当該債務者の資本とみなすことができる場合として、早期経営改善特例型のDDSと准資本型のDDSが記載されている。早期経営改善特例型のDDSとは、金融機関の中小・零細企業向けの要注意先債権（要管理先への債権を含む）で、原則として所定の要件をすべて満たす貸出金に転換する場合であって、合理的かつ実現可能性が高い経営改善計画と一体として行われるDDSをいう。准資本型のDDSとは、貸出債権の全部または一部を十分な資本的性質が認められる劣後ローンに転換するDDSをいい、協議会版「資本的借入金」などが准資本型のDDSとして認められている（金融検査マニュアルに関するよくあるご質問（FAQ）9-27）。

b　DDSの活用

DDSは、債権放棄ではなく、既存債権の条件変更であることから、その活用場面においては問題の先送りとならないよう留意する必要がある。上記のとおり、金融検査マニュアル別冊〔中小企業融資編〕においても、早期経営改善特例型のDDSは、「合理的かつ実現可能性が高い経営改善計画と一体として行われることが必要である」とされている。

20　ただし、当然のことながら、債務者企業の貸借対照表上は負債のままであり、表面債務超過の企業の債務超過が解消されるわけではない。したがって、表面債務超過の解消が企業の再生の鍵となっている場合には、DDSは支援手法として十分ではないこととなることに留意が必要である。

「金融検査マニュアルに関するよくあるご質問（FAQ）」では、想定されるDDSの活用事例として、①一般に資本強化が必要とされる場合、すなわち創業時、事業拡張・新規事業参入時や経営改善の一環としてのDDSの活用、②東日本大震災の影響や急激な円高の進行等から、資本不足に直面している企業の再生支援の一環としてのDDSの活用があげられている（9－36）。

コラム　協議会版「資本的借入金」

金融検査マニュアル別冊〔中小企業融資編〕の准資本型のDDSは、資本強化の必要のある企業に対して積極的な活用を促す観点から、①償還条件については5年超で足り、②金利設定については金融機関や債務者の状況等に応じた事務コスト相当の金利の設定もさしつかえないとされ、③劣後性については法的破綻に至るまでの間において他の債権に先んじて回収しない仕組みが備わっていれば、担保解除を要しないとされている（金融検査マニュアルに関するよくあるご質問（FAQ）9－18、19、21）。

これに対して、協議会版「資本的借入金」は、再生支援協議会が策定支援する再生計画における金融支援の一手法として、再生支援協議会が形式を定め、各形式の契約書の雛型を用意したものである。

平成24年4月公表の協議会版「資本的借入金」には、①15

年・無担保型、②5年超・無担保型、③5年超・有担保型の三つの形式がある。

再生支援協議会は、協議会版「資本的借入金」の活用事例として、①金融機関の一部が、債権放棄の代替手段として用いる場合（債権放棄を含む金融支援を実施するため、融資シェアが低く財務的基盤の脆弱な金融機関が債権放棄にかわって協議会版「資本的借入金」を活用するケース）、②他の金融機関のリスケを促すために用いる場合（融資シェアが高い主力行が下位行のリスケを促すため、主力行債権の一部を協議会版「資本的借入金」へ振り替えるケース）、③実質的1行取引先に対する支援として用いる場合（実質1行取引先、もしくは圧倒的メイン先で1行でも対象会社を支援する方針が明確にあり、既存借入金の一部を資本性借入金（担保付き）へ転換するケース）をあげている[21]。

(2) DES

DES（Debt Equity Swap）とは、債権を債務者の株式に転換することをいう。債権放棄と同様に債務が消滅し、過剰債務が解消されることから、財務リストラクチャリングの一手法として利用されている。もっとも、中小企業の場合、通常、株式の流通性がなく、債権者が株式の売却によりキャピタルゲインを

---

21 『実践的中小企業再生論』第2部第6章参照。

得られる可能性が少ないため、DESが活用される事例は限定的であろう。中小企業においてDESが活用される事例として、再生計画の遂行過程において、経営体制にガバナンスを効かせるために、DESによって事案に即して設計された金銭での取得請求権付の種類株式[22]を債権者が保有しつつ、将来、債務超過が解消され、配当が可能となった場合には、取得請求権の行使によってその株式の処理（DESに振り替えた債権額の回収）を想定する、というような場合が考えられる。

---

22 たとえば、一定の場合に議決権が生じる無議決権、配当優先株等の種類株式。

第 5 章

事業性が厳しい会社の再生事例

――2年前に協議会手続を活用し、リスケジュールによる再生計画を成立させたものの、同計画を達成できなかった会社について、再度協議会手続を活用し、事業性を慎重に検証したうえで、リスケジュールによる再生計画を成立させた事例

食料品製造・小売会社

(1) 会社の概要

項　目	概　要
業種	食料品製造・小売業
資本金	5,000万円
売上高	15億円（直近期）
営業利益推移	前々期：▲2億円、前期：▲1億円、直近期：▲0.4億円
経常利益推移	前々期：▲2.5億円、前期：▲1.5億円、直近期：▲1.0億円
有利子負債	15億円（直近期）
取引金融機関	メイン行（地方銀行）80%、その他地方銀行、政府系等の計4金融機関
従業員	120名

(2) 私的整理に至った経緯

　対象会社は、食品の製造・小売りを営む会社である。創業以来100余年の社歴を有し、過去には大ヒット商品も複数販売するなど、事業展開地域におけるブランド知名度は高い。

　ところが、過去10年間は連続して減収トレンドとなり、売上高は30億円から15億円に半減、小売店舗網の採算は悪化する一方であった。他方で、固定費の削減が遅れたため、対象会社は

赤字体質が慢性化することとなった。

2年前には、協議会手続を活用しリスケジュールを内容とする再生計画を成立させたものの、計画2期目に入り計画未達幅が拡大したことから、再度私的整理による事業再生を模索することとなった。

(3) 当初の見立て

a 事業性および財務状態

本事例は事実上の二次破綻案件であり、対象会社の事業性には相応の疑問符が付されていた。

もっとも、対象会社は2年前に成立させた再生計画に基づき、新規出店は抑えながら不採算店舗の整理・既存店のテコ入れを進めた結果、計画2期目に当たる直近決算期は、10年ぶりに既存店売上高が増収に転じ、営業赤字も縮小していた。

また、対象会社は一部の赤字店舗の閉鎖に着手できておらず、これが計画未達の主たる要因となっていると考えられ、経営体制の見直しを行えば、対象会社の事業性を引き出すことができる可能性も見込まれた。

これらの事情のほか、地域雇用・老舗名門ブランド維持といった、地域金融機関としては無視できない事情もあって、取引金融機関は対象会社の事業性を慎重に見極めることとした。

他方、対象会社は簿価上は3億円の債務超過であったが、保有在庫等の含み損の認識により、実質債務超過の額はさらに拡大すると考えられた。

b　資金繰り

　対象会社は季節性の強い商材を取り扱っており、次シーズンの商材仕入れのための仕入資金が不足する可能性があった。

c　私的整理の手続の選択

　aのとおり、対象会社の事業性には相応の疑問符が付されており、外部専門家による事業面での支援を受け事業性を改善する必要があると考えられたこと、また、取引金融機関からの要請もあったことから、対象会社は協議会手続の活用を目指すこととした。

(4)　事業再生に向けた取組み

a　協議会手続の活用

　対象会社は、協議会手続を活用した私的整理による事業再生を目指すため、再生支援協議会への窓口相談を行った。再生支援協議会は、対象会社の現状の事業性には疑問があるものの、外部専門家による事業面での支援を受ければ事業性が改善する可能性があると判断し、外部専門家による支援を実施することを決定した（いわゆる1.5次対応）。

b　事業性の改善に向けた取組み

　まず、対象会社の事業性の調査のため、再生支援協議会の紹介により導入された公認会計士を中心とするコンサルタント（以下「外部専門家」という）により、対象会社の事業デューデリジェンスが実施された。その結果、当初の見立てのとおり、対象会社は一部の赤字店舗の閉鎖に着手できておらず、これが

当初計画の未達の主たる要因となっていることが確認された。

しかし、現経営陣による赤字店舗の閉鎖は期待できず、また、長らく創業家一族が経営を支配していたことから社内には有力な幹部人材が育っていなかった。

そこで、メイン行は、創業家一族の人的なしがらみにとらわれないかたちでの施策遂行を期待し、社外から経営者を登用するよう要請した。対象会社は、経営陣の人脈から同業他社の人材をCOO（最高執行責任者）として経営陣に招き入れ、その新COOが積極的に関与するかたちで、対象会社の事業性の改善のための施策を実施し、2年前に策定された事業計画の修正を行うこととした。そして、新COOとメイン行の協議により、対象会社の事業性の改善のための施策の実施およびその効果の見極め、ならびに修正事業計画の策定のための必要期間として、6カ月の猶予期間が設定されることとなった。

この猶予期間において、新COO主導により創業家一族が経営していた不採算店舗の閉鎖等のリストラクチャリングが進められた。また、対象会社においては、これまで数値による経営管理が重視されず社内の帳票類の整備状況が低かったため、経営情報の整備（店舗別商品別売上げの集計・店舗別在庫集計など）に対して外部専門家から猶予期間中に必要最低限の情報フローを確立するための支援が行われた。また、猶予期間において最も厳密な把握が要求される資金繰り状況についても、日繰りでの資金繰り表の精度向上、売上ケース別資金繰りシミュレーションシート作成等のサポートが同時並行で行われた。

その結果、対象会社は猶予期間中、既存店売上げは横ばい水準を維持し、また、猶予期間が経過する頃には通年での営業黒字化が現実味を帯びることとなった。

これにより、対象会社に相応の事業性が存在することが確認された。

c 事業再生計画の再策定

そこで、新COOが中心となり、外部専門家の支援を受けて修正事業計画が策定されることとなった。修正事業計画の骨子は以下のとおりであり、これらの施策により、対象会社は1年後に経常利益を7,000万円計上することが可能とされた。

① 外部COO主導による売上計画の策定

新COOの得意分野であったマーケティングの強化、インターネット通販強化等による新規顧客開拓・増収

② 赤字店舗の閉鎖

足元の赤字店舗、成り行きで赤字転落が懸念され、かつ黒字化が見込めない直営店舗についての追加閉鎖

・直近期営業利益　　▲0.4億円
・直近期経常利益　　▲1.0億円
・改善後経常利益　　＋0.7億円（1年後）

d 財務毀損度合いの把握

aと並行して、外部専門家による対象会社の財務デューデリジェンスが実施され、財務毀損度合いの実態把握が進められた。その結果、対象会社は簿価上は3億円の債務超過であったが、保有在庫（冷凍保管商材）、役員貸付金（過年度の交際費等

支出の累計・回収困難)、関係会社向け債権(関係会社も実質債務超過)の含み損等の認識により、6億円の実質債務超過状態にあることが確認された。

- ・簿価純資産　　▲3億円
- ・実態純資産　　▲6億円

(5) 再生計画の策定

上記の事業再生に向けた取組みの結果、合理的期間内に要償還債務の償還が可能と判断され、リスケジュールによる再生計画が策定された。

(6) 再生計画の内容

a 金融支援の内容

(a) リスケジュール

弁済期間15年(実質債務超過状態の解消に10年、さらに要償還債務全額の償還に5年)のリスケジュールによる金融支援が定められた。弁済原資は年間フリーキャッシュフロー相当額8,000万円であり、有利子負債15億円のうち運転資金3億円を除いた12億円が要償還債務とされ、残高プロラタにより返済することとされた。

図表5　数値計画イメージ

【計画0期】

売上債権	仕入債務		
在庫			【10年後】
固定資産	有利子負債	15	
			運転資金　3
			収益弁済　8
			残債　4
実質債務超過　▲6			

【実質債務超過解消】
改善後経常利益①　0.7
利払減少　　　　　　　—　：金融支援未実施

改善後経常利益②　0.7
10年解消分　　　　　7.0
10年超解消分　　　　—　：金融支援未実施

【弁済計画】
運転資金は償還債務から除外
収益弁済はFCF相当

（※）収益弁済原資
改善後経常利益　0.7
減価償却費　　　0.1
返済可能原資　　0.8
10年返済分　　　8.0

(b)　DIPファイナンス

季節資金手当として、メイン行によるDIPファイナンス（店舗敷金等を担保供与）実施および他行によるDIPファイナンスの優先性の確認が定められた。

b　経営者責任・株主責任・保証人責任

二次破綻案件であるが、支援内容がリスケジュールにとどまっていること、業界内での人間関係・営業力等から代表取締役は留任することとした。ただし、実質的な業務執行権限は新

COOに移行することとした。なお、親族役員（株主）については総退陣とし、その所有株式を現代表者に無償譲渡することで、一定の株主責任を定めた。これは、株主を現代表者一人とすることで、意思決定権限を集約する目的もあった。

保証人（現代表者）への保証履行は求めなかった。

(7) 解　説

a　事業性見極めのための工夫

「事業性」とは、第3章でも記述したが、キャッシュフロー（≒利益）を創出するポテンシャル（黒字継続の潜在力）を意味する。中小企業の従事している事業において、持続的にキャッシュフローを生み出せる力があるか、あるいは現状はキャッシュフローがマイナスであっても自助努力によりこれをプラスにできるポテンシャルが期待できるかの見極めが「事業性の判断」であり、「事業性が厳しい」とは、このキャッシュフロー創出ポテンシャルになんらかの疑問符がついている状況を意味する。この疑問符が除去できない限り、仮に中小企業の再生計画を策定・金融支援を実行したとしても、早晩計画未達の状況に陥り二次破綻を招く懸念が払底できないであろう。

しかし、中小企業の事業性に疑問符があるからといって、直ちに事業再生を断念することは早計である。中小企業の場合、事業再生に向けた取組みを迅速かつ的確に実施する「ヒト」が十分でない場合が多い。このような場合でも、中小企業の経営陣に事業再生に向けた意欲があれば、事業コンサルタント、中

小企業診断士、公認会計士、弁護士等の外部専門家を活用することにより、事業性を改善させることが可能なケースも少なくない。金融機関には、このような事業性の改善が可能か、すなわち、中小企業の窮境原因およびその除去可能性ならびに事業性のポテンシャルを見極める能力が求められているといえよう。そして、事業性の改善の可能性があると判断した場合には、外部専門家を紹介するなど、コンサルティング機能を発揮して積極的に対象企業の事業再生に関与し、事業性のポテンシャルを引き出すことが求められているといえよう。

 この点、協議会手続では、中小企業からの相談を受け付ける窓口相談(第一次対応)において、事業性を確認し、再生計画策定支援(第二次対応)への移行の要件を満たすか否かが判断される。第一次対応において、事業性が認められないなどの理由により第二次対応への移行の要件を満たさない場合であっても、外部専門家を活用して事業面での支援を実施することにより事業性を改善し、第二次対応に移行するケースもある(1.5次対応)。事業性に疑問のある中小企業の事業再生においては、協議会手続の1.5次対応を活用することも検討されるべきであろう。

 本事例は事実上の二次破綻案件であり、取引金融機関側の対象会社の事業性判断には相応の疑問符が付されていた。その一方で、対象会社は一部の赤字店舗の閉鎖に着手できておらず、これが計画未達の主たる要因となっていると考えられ、人的な施策を講じれば、対象会社の事業性を引き出すことができる可

能性も見込まれた。本事例は、メイン行がこのような見立てに基づき、対象会社に再生支援協議会への相談を勧め（1.5次対応が実施された）、また、外部からの新経営者の招聘を要請するなどして、積極的に対象会社の再生に関与するとともに、事業性の改善のための猶予期間を設けた点に特徴がある。

なお、この6カ月の猶予期間は、当該期間内で新COOによる改善策が実施できるものとの見通しおよび資金繰り上のデッドラインを考慮して設定された。すなわち、新COOの手腕によってもこの猶予期間において減収トレンドから脱却できず、資金繰りのメドも立たない状態となった場合は、追加金融支援による事業継続は単なる延命にしかならないと判断されたものである。

b 本事例におけるその他のポイント（経営者責任・株主責任・保証人責任）

本事例での金融支援はリスケジュールであり、経営者責任、株主責任および保証人責任は厳密に問われていない。また、創業家から外部経営者へと経営権が交代しているが、経営者責任の明確化の観点というよりは、対象会社の事業再生を図る観点から、「ヒト・モノ・カネ」の「ヒト」の交代が必要との判断に基づくものである。

c 最後に（補足）

旧来のビジネスモデルの陳腐化が進行するにつれ、中小企業の事業性の見極めが困難な案件は今後も増加していくと思われる。その際に留意すべきは、ヒト（経営者）の問題とモノ（事

業性)の問題は切り離して考えたうえで、モノに少なからずポテンシャルが期待できるのであれば、ヒトは社内幹部クラスからの登用、あるいは社外からの招聘、外部専門家による支援を選択肢に含めつつ、事業自体のポテンシャル・経済性を考察することであろう。また、外部からの人材登用であれば、かかる外部人材に十二分に手腕を発揮させるための資金繰りの安定は必須と考えられる。その安定期間に新経営者の経営手腕をある程度確認したうえで(かつ、外部専門家によるモニタリング機能もある程度活用しつつ)、再生計画策定に着手することも、多少時間はかかっても結果的には二次破綻の可能性をミニマイズする方法の一つということができるであろう。

コラム　外部経営者の招聘

　中小企業の場合、創業家一族と得意先・仕入先との人的なコネクションが事業基盤を支えている場合が多い。そのため、中小企業の事業再生場面では、創業家一族に引き続き経営を委ねることが、事業価値の最大化につながることも少なくない。この点で、中小企業の事業再生においては、外部から経営者を招聘して事業再生を図ることが適する事例はそれほど多くはないと思われる。

　しかしながら、中小企業の場合、事業再生に向けた取組みを迅速かつ的確に実施する「ヒト」が十分でない場合も多く、外部経営者の招聘は、そのような場合の解決策の一つとして検討

に値すると思われる。外部経営者を招聘する場合には、大都市圏中心ではあるが、中小企業経営者クラスの人材を紹介する専門仲介会社も複数存在しているため、それら専門仲介会社を活用することも可能であろう。

　なお、金融機関の主導により外部経営者を招聘する場合であっても、それは金融機関のリーダーシップおよび中小企業との信頼関係があってこそ成立するものである。金融機関は、中小企業に対し、外部経営者を招聘することのメリットのみならず、経営者の退陣の可能性等についても適切に説明することが必要であろう。

第6章

粉飾決算を行っている会社の再生事例

——不適切な会計処理による多額の簿外損失が判明した会社について、協議会手続により、リスケジュールによる再生計画を成立させた事例

水産加工・卸売会社

(1) 会社の概要

項　目	概　　要
業種	水産加工・卸売業
資本金	5,000万円
売上高	50億円（直近期）
営業利益推移	前々期：3億円、前期：4億円、直近期：4.5億円
経常利益推移	前々期：1.5億円、前期：1.5億円、直近期：0.5億円
有利子負債	50億円（直近期）
取引金融機関	メイン行（地方銀行）50％、メガバンク、地方銀行、信用金庫、政府系金融機関等の計10金融機関
従業員	150名（パート含む）

(2) 私的整理に至った経緯

　対象会社は、国内外から仕入れた水産品の卸売り、国内加工工場での水産加工品の製造卸売りを行う会社である。

　対象会社は、直近5期にわたり営業利益を継続的に計上しており、売上げ、利益ともに増収基調にあったが、不適切な会計処理による簿外損失の存在が取引金融機関の一部に発覚したことによる信用毀損が生じたため、正常な金融取引が困難な状況

に至った。

対象会社は、地域に加工工場を有し、100名超の従業員を雇用するとともに、取引先も多数抱えており、地域における雇用確保、地域経済への悪影響を考慮すると、事業継続の必要性が高いと考えられ、私的整理による事業再生を試みることとなった。

(3) 当初の見立て

a 事業性および財務状態

対象会社は、不適切な会計処理を行っていることが判明しており、決算書の内容の適正さに疑問があるものの、決算書上は、直近5期連続して営業利益を計上しており、売上げ、利益ともに増収基調にあり、一定の事業性が認められることが想定された。

他方、対象会社は、決算書上は2億円の資産超過状態であったものの、10億円近くの簿外損失の存在と、流動資産(在庫、債権)および固定資産(不動産)の含み損により、実態は大幅な債務超過状態にあるものと想定された。

これらのことから、再生計画の内容は、債権放棄を伴う抜本的な内容となる可能性も視野に入れる必要があると判断された。

b 資金繰り

不適切な会計処理の発覚により一部の取引金融機関が融資を引き上げたこと、メイン行も、不適切な会計処理が判明してい

るなかで新たな運転資金の貸付に対応することは困難であったことから、このままでは、対象会社の資金繰りは早晩逼迫する可能性があった。

したがって、全取引金融機関に対して元金返済猶予の要請を行うとともに、メイン行による運転資金の供与が可能な状況にする必要があった。

c 私的整理の手続の選択

上記 a のとおり、簿外損失の金額の程度によれば再生計画の内容は債権放棄を伴う抜本的な内容となる可能性があり、取引金融機関も10行と多く、加えて、不適切な会計処理による簿外損失の判明という窮境原因からすると金融調整も困難になるものと想定された。また、中立的な第三者による金融調整と再生計画の内容の客観性の担保が必要であると考えられたことから、協議会手続の活用を目指すこととした。

(4) 事業再生に向けた取組み

a 専門家による緊急の財務デューデリジェンス、事業デューデリジェンスの実施

不適切な会計処理による簿外損失の存在が疑われ、決算書の内容の適正さに疑問のある状況下で、メイン行が運転資金の貸付を継続することは困難であり、事業継続のためには早期に事業再生に取り組む必要があった。対象会社は、メイン行の助言を受け、公認会計士を中心とする専門家に委託し、緊急に財務デューデリジェンスと事業デューデリジェンス（いずれも暫定

的なもの）を実施した。

暫定の財務デューデリジェンスの結果、不適切な会計処理による多額の簿外損失の存在に起因して約15億円の実質債務超過状態であることが確認された。

他方で、暫定の財務デューデリジェンスおよび事業デューデリジェンスにより事業性の調査を行ったところ、損益計算書の内容は適正であり、直近3期にわたり継続的に営業利益を計上していることが確認され、事業性が認められると判断された。

・直近期営業利益　　+4.5億円
・直近期経常利益　　+0.5億円

b 弁護士関与による金融機関説明会の開催

不適切な会計処理による簿外損失の判明という窮境原因からすると、かかる事実を取引金融機関に対して公表することにより、取引金融機関が一斉に保全・回収行為に移ることも想定されたため、対象会社は、弁護士に依頼し、当該弁護士も同席して、金融機関説明会を開催した。

対象会社は、金融機関説明会において、暫定の財務デューデリジェンスおよび事業デューデリジェンスの結果を報告するとともに、協議会手続の活用の方針、経営者責任に対する基本的な考え方等を説明し、私的整理による事業再生への取組みへの理解を求めた。

c 資金繰りの確保

上記bの金融機関説明会において、対象会社は、取引金融機関に対し、元金返済の猶予を要請するとともに、私的整理手続

中に季節性の運転資金が必要となる可能性をふまえ、必要運転資金について、メイン行から新たに借り入れる方針を説明し、この新規借入金について、ABLによる動産担保の設定、私的整理手続中および再生計画における優先弁済の取扱いを説明した。後日、すべての取引金融機関から異議がないことを確認し、実行した。

d 協議会手続の活用

上記bの金融機関説明会において、協議会手続の活用の方針を説明したところ、すべての取引金融機関から異論が出なかった。そこで金融機関説明会後、再生支援協議会への再生計画策定支援の申込みを行い、再生支援協議会による再生計画策定支援（第二次対応）が開始された。

対象会社は、すでに公認会計士を中心とするコンサルタントおよび代理人弁護士を委託しており、当該コンサルタントおよび弁護士によりデューデリジェンスの実施と再生計画案の作成が予定されていた。そのため、再生支援協議会は、外部専門家アドバイザー（弁護士、公認会計士）に委嘱し、当該アドバイザーが財務デューデリジェンスおよび事業デューデリジェンスの内容、不適切な会計処理の調査内容、ならびに再生計画案の内容を調査検証する、いわゆる「検証型」により手続を進めることとした[23]。

---

23 「検証型」の手続について、第2章19頁「コラム」参照。

e 財務デューデリジェンスおよび事業デューデリジェンス、ならびに不適切な会計処理の内容調査の実施

対象会社の財務の毀損度合い、事業性の見極め、不適切な会計処理の内容の精査を行うため、対象会社は、上記 a の暫定の財務デューデリジェンスおよび事業デューデリジェンスをふまえたより詳細な追加調査を実施した。

その結果、財務の毀損度合いについては、不適切な会計処理による簿外損失以外にデリバティブ取引による損失等の認識により、対象会社は、17億円の実質債務超過状態にあることが確認された。

- ・簿価純資産　　　　＋ 2 億円
- ・実態純資産　　　　▲17億円

また、事業性については、役員保険等の資産売却施策による有利子負債の圧縮や不採算事業の廃止、役員報酬等固定費削減施策により、 1 年後に経常利益 2 億円を計上することが可能と判断された。

- ・直近期営業利益　　　＋4.5億円
- ・直近期経常利益　　　＋0.5億円
- ・改善後経常利益　　　＋2.2億円（ 1 年後）

(5) 再生計画の策定

事業デューデリジェンスの結果、対象会社は、直近の増収増益基調をふまえ、売上げを維持しつつ、資産売却による有利子負債の圧縮、役員報酬等固定費削減の追加施策により利益体質

の強化を行うことにより、一定のフリーキャッシュフローの確保が見込まれた。財務デューデリジェンスにより明らかとなった実質債務超過額の結果をふまえると、対象会社は、合理的な期間内に実質債務超過の解消、要償還債務の償還が可能と判断されたため、リスケジュールによる再生計画を策定した。

(6) 再生計画の内容

a 金融支援の内容（リスケジュール）

図表6　計画数値イメージ

【計画0期】

流動資産	営業債務	
固定資産	有利子負債　50	【8年後】
		運転資金　13
		収益弁済　16
実質債務超過　▲17		残債　21

【実質債務超過解消】

改善後経常利益①	2.2
利払減少	―
改善後経常利益②	2.2
8年解消分	17.6

【弁済計画】

運転資金は償還債務から除外
収益弁済はFCF相当の80％水準（※）

（※）収益弁済原資

改善後経常利益②	2.2
減価償却費	0.3
返済可能原資	2.5
80％相当	2.0
8年返済分	16.0

弁済期間18年（実質債務超過解消7年、要償還債務の償還18年）のリスケジュールによる金融支援が定められた。弁済方法は、すべての取引金融機関に対し、損益計画上のフリーキャッシュフローの80％相当額を固定額として、残高プロラタにより返済することとされた。

b　経営者責任・株主責任・保証人責任

全役員の退任、役員の会社に対する貸付金について取引金融機関の貸付債権への劣後化、役員が保有する株式の新代表者への無償譲渡を定めた。

保証人への保証履行は求めなかった。

(7)　解　説

a　粉飾決算を行っている会社の再生

(a)　粉飾決算（不適切な会計処理）を行っている会社を再生させる意義について

「粉飾決算」（不適切な会計処理）といっても、その内容は、減価償却不足や不良資産（不良在庫や貸倒債権など）の処理を行っていないケースから架空資産の計上や負債の簿外処理といったケースとその方法や程度はさまざまである。中小企業においては、公認会計士による会計監査を受けていることはほとんどなく、税務申告の観点から決算書が作成されており、適切な会計処理がなされておらず、財務デューデリジェンスの過程で、不良資産の計上等の不適切な会計処理が判明することがほとんどである。そして、このような不適切な会計処理の存在を理由

として事業再生の意義を否定することはないであろう。

　もっとも、架空資産の計上や負債の簿外化など不適切な会計処理の内容がひどかったり、取引金融機関に対して、税務申告書添付の決算書とは別の決算書を開示しているなど、その態様が悪質なケースでは、その行為の悪質性から、そのような企業を再生させる意義（大義）はないのではないかと疑問をもつ向きもあると思われる。ことに、裁判所が関与しない私的整理手続による再生にはいっそう慎重になるであろう。

　しかし、中小企業において法的整理手続を選択した場合の事業継続が困難であるという現実をふまえれば、私的整理の可能性を否定することは、廃業を意味するといっても過言ではない。廃業による雇用の喪失や連鎖倒産といった地域経済への悪影響を考えると、早計に私的整理による再生を否定すべきではないように思われる。

　事業内容、従業員の雇用確保、取引先を含む地域経済への悪影響等、当該企業について事業再生の意義が認められるのであれば（当然、通常の会社と比べ、この事業再生の意義はシビアに検討されることにはなろうが）、不適切な会計処理についての責任の所在を明確にし、責任のある者にしかるべき責任を果たさせたうえで、私的整理による事業再生を図る意義はあるのではないかと考える。

(b)　**不適切な会計処理を行っている会社を再生する際の留意点**

　(i)　実態把握の重要性

　事業再生を行うためには、当該企業の財務の状況と事業の状

況(事業性)の把握が必要であり、専門家による財務デューデリジェンスおよび事業デューデリジェンスの実施が不可欠である。特に、不適切な会計処理を行っている会社については、決算書の内容への信頼性が低いため、原簿(帳票類)の確認など、通常より深い調査分析が必要となりうる。

本事例では、監査業務の経験を有する公認会計士の関与により正確な財務数値の把握に努めている。

(ii) 不適切な会計処理の原因調査と責任調査

不適切な会計処理の内容、程度にもよるが、その程度が重い場合には、経営者および関与者の責任を明確にし、責任を果たさせることが必要である。取引金融機関が、不適切な会計処理という事態を乗り越えて、事業再生に向けた金融支援を了承するためには、この責任の明確化は不可欠である。その前提として、不適切な会計処理の原因とその責任の所在について明確にする必要がある。

本事例では、公認会計士による過年度の帳簿類の調査を行うとともに、弁護士による経理担当者等への調査を実施し、取引金融機関に対して、不適切な会計処理の内容と責任の所在に関する調査報告書を提出した。どのような方法によりどの程度の調査を行うかについては、ケースバイケースといわざるをえないが、基本的には、不適切な会計処理の内容・程度(金額、方法)、金融支援の方向性(債権放棄を伴うか否か)等をふまえて、取引金融機関の納得が得られる方法により対応する必要がある。

次に、責任が認められる者についてどのような方法で責任を果たすべきかであるが、これも、不適切な会計処理の内容・程度（金額、方法）、金融支援の方向性（債権放棄を伴うか否か）等をふまえ、関与の度合いによってケースバイケースで検討することになろう。

本事例では、前任者による赤字の簿外処理が簿外損失の発生原因であり、私的流用の事実は認められなかったため、特段の責任追及は行っていない。しかし、私的流用が認められるような事例では、関与者に対して私財の提供や破産を求めたり、私的流用の内容や程度がひどい場合には刑事告訴するなど、責任追及が必要となるケースもある。企業としては、弁護士の助言を得るなどして、取引金融機関の理解が得られるよう対応する必要がある。

(iii) 経営者責任の明確化

経営者責任の明確化は、不適切な会計処理の内容・程度（金額、方法）、金融支援の方向性（債権放棄を伴うか否か）等をふまえ、関与の度合いによってケースバイケースで検討する必要がある。不適切な会計処理の内容が悪質であったり、程度が大きい場合であって、経営者が直接不適切な会計処理に関与している場合には、原則として退任が求められるであろう。仮に経理責任者が不適切な会計処理を行っており、経営者がその存在を認識していなかったとしても、管理体制が不十分であった点に対する経営者としての責任は否定できないのが通常である。したがって、取引金融機関の意見をふまえ、経営者の責任の果

たし方を検討する必要がある。

　また、不適切な会計処理の内容が悪質であるうえその程度が大きく、事業再生のためには債権放棄を求めなければならないようなケースでは、現状の経営体制を維持したままでは、取引金融機関の理解が得られないこともありうる。そのような場合には、外部スポンサーの支援を得て、事業再生を図ることも検討する必要があるだろう。

　(iv)　内部管理体制の構築等

　外部スポンサーの支援を受け、名実ともに経営体制の刷新が図られる場合にはあまり問題とならないが、現経営者が退任するものの、親族や従業員が新しい経営者として事業を継続するような場合には、金融支援後の会社の内部管理体制や取引金融機関への適切な情報開示を行う体制の整備が必要である。

　不適切な会計処理の判明による取引金融機関と企業との間の信頼関係が大きく崩れた状態から、信頼を回復するためには、目にみえるかたちで体制を整備することが肝要であろう。このような体制整備は、窮境原因の除去の観点からも必要である。

　本事例では、経営体制を不適切な会計処理への関与のない者へ刷新するとともに、社外から役員を登用することにより内部管理体制を構築するとともに、定期的にモニタリング資料を取引金融機関に提出することに加えて、モニタリング資料の作成について外部専門家の公認会計士の関与を受けることにより客観性をもたせることとしている。

b 本事例におけるその他のポイント

(a) 不適切な会計処理発覚後の対応

取引金融機関が不適切な会計処理の事実を知ることにより、直ちに預金相殺等の回収行為に着手する可能性は否定できない。本事例では、対象会社代理人の弁護士が対象会社主催による金融機関説明会を開催し、一斉の返済猶予の要請を行うとともに、暫定的に実施した財務デューデリジェンスおよび事業デューデリジェンスの内容をふまえ、不適切な会計処理の報告とともに対象会社の事業性（収益力）を説明し、事業再生の意義を説明した。

また、今後実施する財務デューデリジェンスおよび事業デューデリジェンスの検証、ならびに不適切な会計処理の調査内容およびそれに伴う経営者責任のとり方に対する第三者的立場からの評価を得ることを目的として、協議会手続を活用する方針を説明し、私的整理手続の公正性を担保するよう心がけた。

不適切な会計処理という重大事実の公表による取引金融機関の動揺等も見据え、早期に適切な情報開示の約束および第三者機関の活用方針を示すことも肝要である。

(b) 経営者責任

本事例では、不適切な会計処理を窮境原因とするため、不適切な会計処理への責任（監督責任を含む）が認められる役員全員について、退任、会社に対する貸付金の劣後化、保有株式の新代表者への無償譲渡を定めた。

c 最後に

　金融機関として、粉飾決算を行うような企業の再生を支援することはできない、との意見を耳にすることがある。たしかに、金融機関に対して虚偽の決算内容を報告してきた責任は軽くはない。しかし、当該企業を再生させず破綻させることは、虚偽の決算内容を報告してきた経営者や関与した者だけでなく、粉飾決算に関与していない当該企業に雇用された従業員や当該企業と取引する取引先にも、失業や連鎖倒産等の甚大な被害を生じさせるものである。

　粉飾決算を行っていた企業であっても、当該企業について、事業性が認められ、雇用の維持や取引先への悪影響の回避など事業再生の意義が認められるのであれば、粉飾決算に対する責任を明確にし、責任を果たさせたうえで、私的整理による事業再生を試みる価値はあると思われる。

　粉飾決算を行った会社を法的整理により再生させることへの異論はあまり耳にしない。そうであれば、法的整理における裁判所や（民事再生における）監督委員のように、中立公正な立場の第三者機関（中小企業再生においては再生支援協議会）や弁護士を活用し、客観性のある調査と責任追及を行うことを前提に、私的整理によって再生させることは十分に可能であると考える。

第7章

資金繰りが厳しい会社の再生事例

——足元の資金繰りが厳しい会社について、協議会手続を活用して、メインバンクによるDIPファイナンスを実行したうえで、リスケジュールによる再生計画を成立させた事例

卸売業（木材加工）の会社

(1) 会社の概要

項　目	概　要
業種	木材卸加工業
資本金	3,000万円
売上高	30億円（直近期）
営業利益推移	前々期：▲0.5億円、前期：▲0.2億円、直近期：▲0.3億円
経常利益推移	前々期：▲1.0億円、前期：▲0.7億円、直近期：▲0.8億円
有利子負債	15億円（直近期）
取引金融機関	メイン行（地方銀行）60％、政府系、第2地銀、信用組合、の計4金融機関
従業員	100名

(2) 私的整理に至った経緯

対象会社は、木材卸加工業を手がける会社であり、優れた木材加工技術を有し、過疎化が進む地域において生き残った企業である。対象会社は、公共需要向けと民間需要向けの事業を展開していたが、公共需要向け売上高が安定せず、受注の波が激しいうえに、公共需要向け受注に備えて人員規模を一定に維持していたことから、固定費がかさみ、5期連続営業赤字となっ

ていた。

　対象会社は、従前より、メイン行を中心に、赤字見合いの運転資金融資を継続的に受けてきていたが、対象会社の財務状態の悪化（多額の表面債務超過）と5期連続赤字による事業面の不安を背景に新規借入れが困難となったため、取引金融機関全行に対し、いわゆる金融円滑化法による元金の返済猶予の要請を行い、一律に約定返済を停止した。

　しかし、その後も、対象会社による事業財務の現状分析と改善策検討の着手が遅れ、資金流出が止まらず、再び資金繰りが逼迫したことから、私的整理による事業再生を試みることとなった。

(3) 当初の見立て

a 事業性および財務状態

　過去、対象会社が木材卸加工業を営む地域周辺には複数の同業他社が存在したが、対象会社の技術優位性の結果、対象会社だけが生き残った。全国には複数の同業者が存在するが、木材の地産地消化の流れのなか、対象会社の事業性は相応にあるものと考えられた。また、公共事業向け部門が窮境原因であり、同部門を縮小・清算することで、固定費を圧縮し、利益体質に転換することができるのではないかと推測された。

　他方、対象会社は、簿価上の債務超過額は5.5億円であったところ、不良在庫が一部計上されているものの、実質債務超過の額はそれほど拡大しないものと想定された。

これらのことから、本事例では、リスケジュールの再生計画を策定できる可能性も相応にあるものと見込まれた。

b　資金繰り

　対象会社の資金繰りは逼迫しており、DIPファイナンス等のなんらかの資金手当が必要と見込まれた。なお、対象会社の資金繰り予測では、3カ月後に1億円程度の運転資金需要があり、このタイミングで資金ショートするおそれがあるとされていた。しかも、対象会社の資金繰り予測は、不正確で楽観的な売上高予測に基づいており、より早いタイミングで資金ショートするおそれもあった。

(4)　事業再生に向けた取組み

a　外部専門家による資金繰り予測の緊急精査

　上記のとおり、対象会社の資金繰りは逼迫しており、DIPファイナンス等のなんらかの資金手当が必要と見込まれ、しかも、対象会社の資金繰り予測は、不正確で楽観的な売上高予測に基づくものであった。そこで、資金ショートの正確な時期と金額を把握するため、メイン行の要請により、公認会計士を中心とするコンサルタント（以下「外部専門家」という）が導入され、対象会社の資金繰り予測を緊急に精査することとされた。

　当該外部専門家により、売上計画・仕入計画・在庫計画・人件費経費計画を数週間で取りまとめた結果、対象会社の予測よりも1カ月早い2カ月後に手形決済資金1億円が不足するおそれがあることが明らかとなった。また、社会保険料、消費税の

延滞が5,000万円あることが判明し、必要資金額は1.5億円規模にふくらむことが明らかとなった。

しかし、対象会社には、1.5億円規模の換金可能資産はなく、また、オーナー・経営陣等による私財提供や増資にも限度があったことから、メイン行にDIPファイナンスの要請を行うこととした。

b 事業性と財務実態の早期把握

対象会社がメイン行にDIPファイナンスを打診したところ、DIPファイナンスの必要性については共通認識が得られたものの、メイン行は対象会社の過去の損益実績から事業性を疑問視している状況であった。

そこで、対象会社は外部専門家の関与による対象会社の事業性の現状分析（デューデリジェンス）を迅速に実施した。

その結果、対象会社の事業性については、公共事業部門に係る本社費の負担が対象会社の窮境原因であることが確認された。そして、公共事業部門を縮小することで、売上高が3割減少するものの、人件費の削減を中心とした固定費の圧縮により、1年後に経常利益が7,000万円に回復することが可能と判断された。

- ・直近期営業利益　　　▲0.3億円
- ・直近期経常利益　　　▲0.8億円
- ・改善後経常利益　　　＋0.7億円（1年後）

また、並行して財務デューデリジェンスが実施され、対象会社の実質的な財務毀損は、簿価債務超過▲5.5億円に対して不

良在庫1億円と軽微であった。

- 簿価純資産　　▲5.5億円
- 実態純資産　　▲6.5億円

c　メイン行によるDIPファイナンスと協議会手続の活用

　事業デューデリジェンスおよび財務デューデリジェンスの結果、対象会社に相応の事業性があることが確認され、また、改善後利益を弁済原資として、合理的期間内に要償還債務を償還することが可能であり、リスケジュールによる再生計画を策定することができる見込みとなった。

　そこで、対象会社は、メイン行へ正式に資金繰り支援のためのDIPファイナンスの実施を要請することとした。また、協議会手続において他の取引金融機関による優先性の確認を得るため、再生支援協議会に窓口相談を行った。

　対象会社は、すでに公認会計士を中心とするコンサルタントおよび代理人弁護士を委託しており、当該コンサルタントおよび弁護士によりデューデリジェンスの実施と再生計画案の作成が予定されていた。そのため、再生支援協議会は、外部専門家アドバイザー（弁護士、公認会計士）に委嘱し、当該アドバイザーが財務デューデリジェンスおよび事業デューデリジェンスの内容、不適切な会計処理の調査内容、ならびに再生計画案の内容を調査検証する、いわゆる「検証型」により手続を進めることとした。

　その後、対象会社がメイン行にDIPファイナンスの正式な申入れをしたところ、メイン行は、DIPファイナンスの実施を応

諾したものの、他の取引金融機関から、協議会手続において、当該DIPファイナンスの優先性の確認がなされることを条件とした。

そのため、対象会社は、協議会手続における債権者会議の場で、緊急融資の必要性、財務状況、事業状況の調査結果を説明したうえ、メイン行によるDIPファイナンスについて、今後策定する再生計画において優先弁済を認めることについて了解を求めた。

この場において、全取引金融機関から異議が出なかったことを確認したうえで、メイン行は対象会社にDIPファイナンスを実行した。

このように本事例では、メイン行による資金繰り支援のためのDIPファイナンスについて優先性を確保するため、第三者機関たる再生支援協議会の関与する手続において債権者会議を開催し、全取引金融機関の了解を得て緊急融資を実行した点に工夫がある。

(5) 再生計画の内容

a 金融支援の内容（リスケジュール）

(a) リスケジュール

弁済期間18年（実質債務超過状態の解消に10年、さらに要償還債務全額の償還に8年）のリスケジュールによる金融支援が定められた。弁済原資は、年間フリーキャッシュフロー相当額8,000万円であり、有利子負債15億円のうち運転資金2億円を

図表7　数値計画イメージ

【計画0期】

売上債権	仕入債務		
在庫			【10年後】
固定資産	有利子負債	15	運転資金　2
	新規運転資金	+1.5	収益弁済　8
			資産圧縮　1
実質債務超過　▲6.5			残債　6

【実質債務超過解消】

改善後経常利益①	0.7	
利払減少	―	:金融支援未実施
改善後経常利益②	0.7	
10年解消分	6.8	
10年超解消分	―	:金融支援未実施

【弁済計画】

運転資金は償還債務から除外
収益弁済はFCF相当

（※）収益弁済原資

改善後経常利益②	0.7
減価償却費	0.1
返済可能原資	0.8
10年返済分	7.8

除いた13億円が要償還債務とされ、残高プロラタにより、返済することとされた。

(b) **DIPファイナンスと当該資金の優先弁済**

　メイン行から実行されたDIPファイナンス1.5億円について、優先弁済を認めることが定められた。なお、DIPファイナンスの弁済は、毎期決算確定後にFCF相当を弁済することとされた。

b 経営者責任・株主責任・保証人責任

金融支援の内容がリスケジュールにとどまっていることもあり、現経営陣は続投することとした。ただし、公共事業部門縮小が完了する計画1期は外部専門家によるモニタリングを実施することとした。

また、株主責任・保証人責任については、リスケジュール案件であり、特段の責任履行は求めなかった。

(6) 解　説

a 資金繰りの状況把握(タイムリミットの確認)

私的整理による事業再生を試みる中小企業の場合、私的整理前に金融支援によらない事業再生の手法をぎりぎりまで模索し、私的整理の決断をしたときには、資金繰りに窮している、といったケースが少なくない。資金繰りに窮している中小企業の事業再生に取り組む場合、金融機関としては、いち早く資金繰り状況を把握し、資金ショートの時期と金額を正確に押さえる必要がある。とはいえ、中小企業には、資金繰り予測を正確に把握するための「ヒト」が不足していることが多い。金融機関としては、資金繰りに窮している中小企業に対して、外部専門家の導入を要請することも必要であろう。

資金繰り把握にあたっては、延滞している商取引債権、租税債権、労働債権(未払給与、退職金を含む)等の金額を把握すべきである。中小企業においては商取引債権や租税債権の延滞により資金的な延命が図られているケースがあるが、このような

状態は債権者による差押リスクを内包しており、その顕在化のみならず、新規調達の足かせにもなりうることに留意しなければならない。また、本事例のように新規調達をするケースでは、将来必要となる資金のみならず、延滞債権の解消のための資金も含めて、新規調達の金額の検討がなされる必要があろう。

そのうえで、資金繰り安定化のために可能となる調達手段を同時に検討し、実行していかなければならない。具体的には、①換金可能資産の早期売却、②オーナー・経営陣等による私財提供や増資等、③親密取引先からの与信(サイト変更含む)、④スポンサー候補からの調達である。

また、後述の取引金融機関からのDIPファイナンスも資金調達手段の一つである。

b DIPファイナンス

DIPファイナンスとは狭義には法的整理手続中の債務者に対して実行される融資をいうが、広義には私的整理手続中の債務者に対して実行される融資を含む(私的整理手続中の債務者に対して実行される融資は、狭義のDIPファイナンスと区別して、プレDIPファイナンスと呼ばれることもある)。

私的整理による事業再生に取り組む中小企業に相応の事業性があり、事業再生の可能性があるにもかかわらず、資金繰りのメドが立たずに破綻し、破産等の清算手続に移行することとなれば、取引金融機関にとっても痛手である。取引金融機関としては、中小企業に相応の事業性があり、DIPファイナンスを実

施することに経済合理性があると見込まれる場合には、DIPファイナンスを実施して中小企業の資金繰りを下支えする必要もあろう。

金融機関によるDIPファイナンスは、資金繰りが逼迫する中小企業の資金繰り安定化の有用な一手段として認識されており、実際にも利用されるケースは少なくない。

もっとも、DIPファイナンスを実施する金融機関としては、協議会手続においてDIPファイナンスの優先性について手続に参加した債権者全員の同意を得ていても、その後、中小企業の私的整理がうまくいかず、法的整理に移行した場合に、DIPファイナンスが必ずしも優先債権として保護されるわけではないことに注意が必要である。すなわち、協議会手続から再生手続（更生）に移行した中小企業が、DIPファイナンスに係る再生（更生）債権を他の再生（更生）債権よりも優先する再生（更生）計画案を提出した場合であっても、協議会手続においてDIPファイナンスの優先性について手続に参加した債権者全員の同意を得ているという事情は、裁判所が当該再生計画案が再生（更生）債権者の衡平を害しない場合に該当するかどうかを判断する際の一考慮要素となるにとどまる（なお、事業再生ADR手続あるいは企業再生支援機構手続から再生手続（更生）に移行した場合に関しては、産活法52条〜54条により、裁判所は再生（更生）計画案が衡平を害しない場合に該当するかどうかを判断するにあたって、優先性について事業再生ADR手続等に参加した債権者全員の同意を得ているという事情を考慮しなければならないと定

められているが、協議会手続にはこのような規定はない)。

そのため、DIPファイナンスを実施する金融機関は、中小企業になんらかの担保提供を要請する必要があるが、担保として取得しやすい不動産はすでに担保取得しているか、他行が担保取得しているケースがほとんどである。そこで、近時、流動資産(在庫、売掛金)を担保とする手法(ABL)が注目されている。

なお、DIPファイナンスについて担保提供を受けるに際し、被担保債権に新規債権のみならず既存債権を含めることについては、他行の反発や法的整理移行時の否認の問題があることに留意が必要である。

c 本事例におけるその他のポイント(経営責任・株主責任・保証人責任について)

本事例は、現経営陣による統治のもとで、過去5期連続赤字により多額の債務超過に転落した案件であるが、リスケジュールによる金融支援であったことから、現経営陣の交代は実施しなかった。

もっとも、公共事業部門の縮小が実行できなければ黒字転化は果たせないことから、計画1期は外部専門家による計画実行支援・モニタリングを受け、進捗状況についてメイン行と定期的に共有を図ることとされた。

株主責任・保証人責任については、リスケジュールによる金融支援であったことから、特段の責任履行は求められていない。

d 最後に

本事例は、資金繰り見通しに対する対象会社の見通しの甘さと、メイン行との意思疎通の少なさに起因し、私的整理の選択肢が消えかかっていた事案であった。本事例は、短期集中的な実態把握と意思疎通の円滑化によってDIPファイナンスが実施されたが、資金繰りが厳しい会社についての私的整理案件では、常に資金繰りが破綻し法的整理に移行する可能性がある。

したがって、法的整理を視野に入れる必要のある事例においては、早い時点で、再生に精通した弁護士の関与を求めることも必要と考えられる。

> **コラム　ABL**
>
> ABL（Asset Based Lending）とは、事業者の在庫や売掛金といった流動資産を担保として行う融資手法をいう。ABLは、不動産をもたない、あるいは、すでに不動産を担保に差し入れている中小企業等に対して、新規融資の可能性を広げる手法として注目を集めている（「ABL」といった場合、通常は平時のファイナンスが念頭に置かれているが、倒産した中小企業に対するDIPファイナンスの手法としても有用である）。
>
> 流動資産は、不動産と比較して、担保価値の下落が起こりやすいことから、金融機関は、債務者から定期的に流動資産などに関する資料を徴求して、モニタリングを行う。金融機関は、このモニタリングを通じて、流動資産の変化を読み取った場合

には、債務者に事情を聴取し、場合によってはコンサルティング機能を発揮して債務者に改善案を提示する。このようなABLの機能は、地域金融機関に求められるコンサルティング機能と親和性を有する。

　このようなことから、金融庁は地域金融機関にABLの利用を推奨している。平成19年には、「金融検査マニュアル」において動産担保および債権担保の一般担保として認められる基準が不透明であったことから、一般担保における動産担保および債権担保の取扱いが明記された。また、平成23年12月27日の「中小企業金融円滑化法の期限の最終期限延長等について」と題する金融担当大臣談話においては、「新規融資の促進を図るための、資本性借入金等の活用及び動産担保融資（ABL）等の開発・普及等」が集中的な取組事項としてあげられている。さらに、平成25年2月には、ABLの積極的な活用を推進するために、「金融検査マニュアル」の運用の明確化が行われることとなり、「金融検査マニュアル」の一部改定案と「金融検査マニュアルに関するよくあるご質問（FAQ）別編《ABL編》」が発表された。

第 8 章

第二会社方式（自主再建型）の事例

――リスケジュールによる支援期間中に事業改善を実施し収益力をつけた会社について、第二会社方式による実質的債権放棄により抜本再生を図った事例

旅　　館

(1) 会社の概要

項　目	概　要
業種	旅館業
資本金	9,000万円
売上高	12億円（直近期）
営業利益推移	前々期：57百万円、前期：44百万円、直近期：40百万円
経常利益推移	前々期：▲43百万円、前期：▲56百万円、直近期：▲60百万円
有利子負債	40億円（直近期）
取引金融機関	メイン行（地方銀行）50％、都市銀行、地方銀行、信用金庫、政府系金融機関、信用保証協会の計8金融機関
従業員	100名（パート含む）

(2) 私的整理に至った経緯

　対象会社は、客室数120室を擁する温泉街を代表する温泉旅館を営む会社である。対象会社は、昭和50年代に多額の設備投資を行い業容の拡大を図ったが、バブル崩壊後のデフレ経済の長期化や団体客から個人客への事業環境の変化への対応の遅れなどにより、売上げ、利益ともに減収が止まらず、結果として

多額の過剰債務を抱える状況となった。

このような状況において、対象会社は、取引金融機関から条件変更（リスケジュール）による支援を受けながら、固定費削減、個人客向け営業の強化などの事業改善施策を実施してきた。その結果、売上げ、利益の減少に歯止めがかかり、最近は、安定的に営業利益を計上できる状況となっていた。

しかし、過去の多額の設備投資により、過剰債務の状況であることに変わりはなく、また、不動産の含み損による大幅な実質債務超過の状態であるため、このままでは適切な設備投資を行うこともできず、老朽化による競争力の低下により事業継続が困難になることが想定された。

そこで、メイン行からの助言を受け、対象会社は、債権放棄を伴う抜本的な金融支援を受けるべく、私的整理による事業再生を試みることとなった。

(3) 当初の見立て

a 事業性および財務状態

これまでの事業改善施策の効果もあり、直近3期は安定的に1.6億円～1.8億円の償却前営業利益を計上しており、一定の事業性が認められた。

他方で、対象会社は、過去の多額の設備投資により過剰債務の状況にあること、不動産の含み損により大幅な実質債務超過であることが見込まれた。

b 資金繰り

対象会社は、取引金融機関から条件変更(リスケジュール)による支援を受けており、当面の資金繰りに問題はなかった。

c 私的整理の手続の選択

上記aのとおり、対象会社は、実質債務超過、過剰債務の状況であることが明らかであり、現在の有利子負債を抱えたまま事業再生を図っていくことは困難であると考えられたため、債権放棄を伴う抜本的な再生計画の作成が必要であると想定された。取引金融機関も8行と多く、政府系金融機関、実質的な債権者である信用保証協会の同意も得て再生計画を成立させるためには、中立的な第三者による金融調整と再生計画の客観性の担保が必要であると考えられたため、協議会手続の活用を目指すこととした。

(4) 事業再生に向けた取組み

a 協議会手続の活用

メイン行は、上記の見立てに基づき、協議会手続を活用した私的整理による事業再生を目指すため、事前に、再生支援協議会に対象会社の私的整理による再生の可能性について相談するとともに、対象会社に対し、再生支援協議会への相談を助言した。

対象会社は、再生支援協議会への窓口相談を行ったところ、事業改善施策の効果もあり、直近3期にわたって1.6億円〜1.8億円の償却前営業利益をあげており、事業性(収益力)が

認められるとの判断が得られ、再生支援協議会による再生計画策定支援(第二次対応)が開始された。

b 専門家による財務デューデリジェンスおよび事業デューデリジェンスの実施

対象会社の再生計画の作成に先立って、対象会社の財務の状況および事業の状況を把握するため、再生支援協議会が委嘱した外部専門家による財務デューデリジェンスおよび事業デューデリジェンスが実施された。

事業デューデリジェンスの結果、多額の減価償却および金利の支払により経常赤字ではあるものの、すでに実施していた経営改善施策の効果から、安定的に償却前営業利益をあげていることが確認された。

> 償却前営業利益：前々期 1.8億円
> 　　　　　　　　前　期 1.6億円
> 　　　　　　　　直近期 1.6億円

また、財務デューデリジェンスの結果、建物の償却不足、土地建物の含み損等の認識により、対象会社は、約31億円の実質債務超過状態にあることが確認された。

- ・簿価純資産　　▲5億円
- ・実態純資産　　▲31億円

(5) 再生計画の策定

財務デューデリジェンスおよび事業デューデリジェンスの結果、対象会社は過剰債務の状況にあり、現在の有利子負債を抱

えたまま再生を図っていくことは不可能であるため、債権放棄を伴う抜本的な再生計画を策定する必要があるものと判断された。

他方で、税務上の繰越欠損金が不足しているという税務上の観点等から、再生スキームは、いわゆる第二会社方式（対象会社の事業と営業用資産負債、返済可能な金融債務を新たに設立する会社（以下「新会社」という）に吸収分割により承継させ、不良資産と過剰債務部分の金融債務を残した対象会社を特別清算手続により清算させることにより債務免除を受ける方式）を採用することとした。

新会社に承継させず吸収分割後の対象会社に残す各取引金融機関の債権額は、各取引金融機関の担保権によって担保されていない債権（非保全債権）の残高を基準として按分して算出した（いわゆる信用残プロラタ、非保全プロラタである）。

また、新会社が承継した債務の弁済方法については、当初は、新会社の各年度の弁済可能額を、担保権によって保全された債務を含む承継した債務の残高を基準として按分弁済する（いわゆる残高プロラタ）内容の計画を作成したが、金融調整の結果、最低弁済額を定め、残高が少ない下位行への弁済額を上積みする（他方で、メイン行への返済額を上積み分減少させる）こととした。

(6) 再生計画の内容

a 金融支援の内容（第二会社方式による実質債権放棄）

対象会社は、新たに設立された会社（新会社）に、吸収分割により、不良資産・金融機関の貸出金の一部（過剰債務部分）以外のすべての事業を承継させ、その後解散し、特別清算手続において新会社に承継されない債務の免除を受け、実質的な債権放棄を得ることとした。

新会社が承継した金融債権については、弁済期間を15年間として、作成した事業計画のフリーキャッシュフローの範囲内で固定額を分割弁済することとし、適用金利は、従前の金利を維持した。

b 経営者責任・株主責任・保証人責任

対象会社の役員は、一部の役員（現代表者の息子）が新会社の代表者に就任することとし、その他の役員は新会社の役員に就任せず退任することとした。ただし、現代表者は、新会社における事業の円滑な承継と、地域温泉街における人脈等営業推進上有益であることから、顧問として処遇することとした。

対象会社は、新会社への吸収分割後に解散し、特別清算手続により清算し、株主への清算配当は見込まれないため、当別清算の結了により株主責任を果たすこととした。なお、新会社は、親族、取引先、地元事業者の出資により設立し、対象会社の株主は新会社の株主とはならないものとされた。

連帯保証人である役員については、資産を開示し、事業継続

図表8　計画数値イメージ

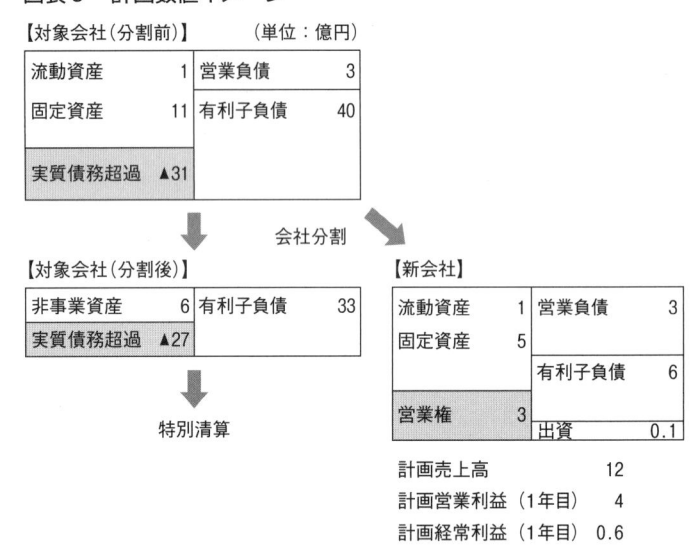

【対象会社（分割前）】　　　（単位：億円）

流動資産	1	営業負債	3
固定資産	11	有利子負債	40
実質債務超過	▲31		

↓　　　会社分割　　↘

【対象会社（分割後）】

非事業資産	6	有利子負債	33
実質債務超過	▲27		

↓

特別清算

【新会社】

流動資産	1	営業負債	3
固定資産	5		
		有利子負債	6
営業権	3	出資	0.1

計画売上高　　　　　　　12
計画営業利益（1年目）　　4
計画経常利益（1年目）　0.6

に必要な担保付不動産については新会社に譲渡したうえ譲渡代金を担保債権者に返済し、事業に不要な不動産、有価証券、ゴルフ会員権等の資産については任意売却のうえ保証履行し、対象会社に対して取得する求償権を放棄することとした。そのうえで、取引金融機関に対し、保証債務の免除を要請した。

(7) 解　説

a　第二会社方式

(a)　第二会社方式

　第二会社方式は、債務者企業の収益性のある事業を会社分割や事業譲渡により切り出し、受け皿会社に承継させ、当該債務

者企業を特別清算手続や破産手続によって清算させる手法をいう。

第二会社方式は、
① 受け皿会社（新会社）の設立
② 会社分割（吸収分割）または事業譲渡による債務者企業から新会社への事業の承継
③ 債務者企業の特別清算手続または破産手続による清算

という複数の法的な手続を用いて実行される。債務者企業は、取引金融機関から、②の会社分割または事業譲渡による事業の切り出しへの承認と、③の特別清算手続において債務者企業が裁判所へ提出する協定案への同意を得ることにより、受け皿会社において事業の再生を果たすことができる。他方で、取引金融機関としては、②の会社分割または事業譲渡により新会社に承継されず債務者企業に残す貸付金について、③の特別清算手続により免除することにより、実質的な債権放棄を行うこととなる。このように、債権者の同意を得て実行されるため、③の清算は、特別清算手続によることが通常であり、破産手続を用いることはまれである[24]。

第二会社方式には、外部スポンサーが事業を承継するスポンサー型の場合と、直接債権放棄の代替手段として親族や従業員が設立した新会社へ事業と償還可能な金融債務を承継する自主再建型の場合がある。中小企業の場合、外部スポンサーを見つ

24　特別清算手続と破産手続の相違については、第13章（209頁）参照。

けることはむずかしく、直接債権放棄による再生が困難な事情もあるため、自主再建型の第二会社方式が多用されている（なお、第9章にスポンサー型の第二会社方式の事例を紹介しているので参照されたい）。

中小企業においては、税務上の欠損金不足による直接債権放棄に伴う免除益課税の問題[25]、地域金融機関や政府系金融機関、信用保証協会としてのモラルハザードへの警戒等による直接債権放棄のハードルの高さもあり、直接債権放棄の代替的な手法として、自主再建型の第二会社方式が多用されている[26]。協議会手続により成立した債権放棄を伴う再生計画の実に9割以上が第二会社方式によっている[27]。

なお、会社分割の手続は、債権者の承認や同意がなくても実行できるため、これを悪用し、恣意的に受け皿会社が承継する債務と非承継債務（通常は金融債務）を切り分けたうえで、受け皿会社に事業を切り出すことにより、事業継続を図るケースがあるが、これにより非承継債務に係る債権者が害されるため、いわゆる濫用的会社分割、詐害的会社分割として近年法的に問題があるとされているので、注意が必要である（第4章61

---

25 第二会社方式の課税問題については、『実践的中小企業再生論〔改訂版〕』第3部第7章197頁以下に詳しい。
26 第二会社方式が多用される理由については、藤原敬三『実践的中小企業再生論〔改訂版〕』166頁以下参照。加藤寛史「地域再生に向けた取り組み〜中小企業再生支援再生支援協議会における中小企業の再生手法としての事業譲渡・会社分割について〜」（事業再生と債権管理120号）に詳しい。
27 『実践的中小企業再生論〔改訂版〕』第2部第5章127頁参照。

頁「コラム」参照)。

(b) **自主再建型の第二会社方式の留意点**

スポンサー型の第二会社方式において必要な金融支援額は、基本的には、スポンサーの支援額によって定まるが、自主再建型の第二会社方式は、直接債権放棄の代替手段として利用され、実質的には、新会社において継続する事業によって創出される収益により償還可能な債務を超える債務(過剰債務部分)について金融支援を得るものである。

したがって、自主再建型の第二会社方式において必要な金融支援額は、直接債権放棄の場合と同じように、財務デューデリジェンスおよび事業デューデリジェンスによる財務実態と事業実態の把握を行ったうえ、自助努力を反映した事業計画(損益計画)を策定し、定めていくこととなる。

また、第二会社方式は、上述のとおり複数の法的な手続を併用して実行するものである。会社分割と事業譲渡は、その手続の違いや法的効果の違い、許認可の承継可否や税務上の観点にも留意して、選択する必要がある。したがって、弁護士、司法書士、会計士、税理士等の専門家の支援を得ながら進めることが肝要である。

b 本事例におけるその他のポイント

(a) **金融支援の衡平性**

本事例では、支援要請額(対象会社に残す実質的な債権放棄額)は、信用残プロラタ(非保全プロラタ)により算定しており、形式的に平等な内容となっているが、新会社に承継された

債権の返済方法については、残高プロラタを基準としつつも、最低弁済額を設けることにより、下位行への返済額が増額され、その分メイン行の弁済額が減額されており、金融支援の衡平性が問題となりうる。

しかし、私的整理における金融支援の衡平性とは形式的な平等を意味するのではなく、債権額の多寡、対象会社への経営関与の度合い、取引内容等を総合的に考慮した実質的な衡平を意味する。このような衡平性の考え方は私的整理に限ったものではなく、法的整理である民事再生や会社更生においても、債権額に比例して放棄率を漸減したり、債権額の多寡により返済期間に差異を設けたりすることは散見される。

本事例では、取引金融機関間の調整の結果として、各取引金融機関の返済期間に差異が設けられているが、この差異は債権残高の多寡に比例して設けられたものであり、実質的な衡平性に問題はないものと考えられる。

(b) 経営者責任・株主責任

本事例では、対象会社の役員は、原則として新会社の役員に就任せず退任するが、事業の円滑な承継と地域温泉街における人脈等事業基盤の維持の観点から、一部の役員（現代表者の息子）が新会社の代表者に就任することとし、また、現代表者についても、顧問として事業への関与を継続することとした。なお、株主責任については、第二会社方式では、対象会社の清算により責任が果たされることとなる。

> コラム
債権放棄と経営者責任

　債権放棄を伴う計画では、経営者責任の明確化が強く求められ、原則的に経営者の交代が求められることが多い。この点、私的整理に関するガイドライン、事業再生ADRでは、債権放棄を伴う計画の場合には、経営者の退任を原則として規定している。

　しかし、中小企業においては、代替の経営者を招聘することは困難であるうえ、その実態は家業であり、経営者の顔で事業が成り立っている点は否定できない。経営者が退任することが事業毀損につながってしまっては、事業再生の意義は失われてしまう。このように、経営者の代替が見つからず、事業継続にとって必要である場合などには、続投を認め、経営者責任については、役員報酬の削減、経営者貸付の債権放棄、私財提供や支配株主からの脱退等他の方法によることとすることもありうる（第9章の事例も参照されたい）。

　この点、協議会手続の準則である事業実施基本要領は、「経営者責任の明確化」を求めているものの、その内容について、基本要領Q&AのQ28に、以下のとおり記載されている。

Q28.『経営者責任の明確化』とは具体的にどのようなことですか。経営者の退任が求められるのですか。（本基本要領6.(5)⑤）

A．再生支援協議会スキームにおいては、経営者の退任を

> 必須とするものではありません。経営者責任の明確化としての経営者の退任は、窮境原因に対する経営者の関与度合い、対象債権者による金融支援の内容、対象債権者の意向、相談企業の事業継続における経営者の関与の必要性など種々の事情を考慮して、個別に対応すべきであり、経営者責任の明確化の内容としては、役員報酬の削減、経営者貸付の債権放棄、私財提供や支配株主からの脱退等により図ることもあり得ると考えます。

以上のように、経営者責任の明確化の方法については、「経営者の退任」と形式的に判断するのではなく、企業を窮境に至らせた責任の有無とその軽重、代替となる後継者の有無、再生計画の実行可能性の確保、取引金融機関の意向等をふまえ、個別に検討すべきであろう。

(c) 保証人責任

本事例では、保証人の保証債務については、資産を開示し、不動産や有価証券等の資産を任意売却した売却代金と一定額の預金を弁済した後、残った保証債務について免除を要請している。なお、保証債務の免除にあたっては、保証人は、弁護士の関与のもとで資産状況を開示し、その内容について表明保証し、表明保証に違反した場合には保証債務が復活することを約している。

> **コラム** 保証人責任のとり方（自己破産を求めるか）

　債権放棄を伴う再生計画が策定された場合、金融機関は、保証人に対して保証債務の履行を求めることとなるが、保証人は保証債務全額を履行することはできないため、保証人責任のとり方が問題となる。

　この点、実務上、保証人が、金融機関に対して保有する資産を開示・表明保証したうえで、保有資産の範囲で保証履行し、残った保証債務について免除（解除）を受ける方法がとられることが珍しくない。

　金融機関としては、保証人が保有する資産の範囲で保証履行を行えば、それ以上に自己破産まで求める理由は通常は見出しがたいうえ、保証人である経営者が自己破産を申し立てることは、債務者企業の風評を発生させ事業価値を毀損するリスクが生じうるため、秘密裡に事業再生を図ることにより事業価値の毀損を回避できる私的整理のメリットを減殺されることとなり望ましくない。また、破産手続にかかる費用（申立費用や管財人報酬等）をふまえると、保証人が保有資産により任意に保証履行するほうが破産手続による以上の回収が得られ、金融機関にとって経済合理性があると考えられる。

　加えて、保証人である経営者は、自己破産への抵抗感が強く、この破産への抵抗感が中小企業の事業再生が進まない一つの理由とさえいわれているが、債務者企業が債権放棄を受けた場合でも、保証人である経営者が自己破産を求められない運用

が定着すれば、早期の事業再生につながることも期待される。

　以上からすると、保証人の責任は、原則として自己破産を求めることなく、保有資産を開示し、保有資産による保証履行を行ったうえで保証解除を行う運用が定着することが望ましいと考えられる。

　なお、保証人責任について、保有資産の状況を開示のうえ表明保証し、一定の保証履行により保証解除を求めた事例として、第9章の事例も参照されたい。

第 **9** 章

第二会社方式（スポンサー型）の事例

——管理体制の不備が主な窮境原因となった会社について、協議会手続を活用し、スポンサーを選定したうえで、第二会社方式による再生計画を成立させた事例

建設会社

(1) 会社の概要

項　目	概　要
業種	建設業（グループ会社に不動産開発事業）
資本金	2,000万円
売上高	35億円（直近期）
営業利益推移	前々期：0.6億円、前期：▲0.9億円、直近期：0.5億円
経常利益推移	前々期：0.1億円、前期：▲1.7億円、直近期：0.1億円
有利子負債	25億円
取引金融機関	メイン行（地方銀行）80％、その他地方銀行、政府系等の計4金融機関
従業員	100名

(2) 私的整理に至った経緯

対象会社は、公共工事を中心とした建設業を営む会社であり、地域に密着し、地元での受注シェアは高い。

対象会社は、公共工事の縮小に伴い、売上高が減少し、また、入札方法の変更等による受注競争激化に伴って利益率が低下した一方で、それらの環境変化に対応できず、赤字受注を継続したり、固定費削減を怠ったことにより、経常赤字が続いて

いた。

　このような状況において、対象会社は、業績改善および金融機関取引の正常化がなされなければ、早晩資金繰りが破綻することが見込まれたことから、私的整理による事業再生に取り組むこととした。

(3) 当初の見立て

a　事業性および財務状態

　対象会社は、地元での受注は安定しており、遅ればせながら固定費削減努力が行われていることから、過剰な有利子負債を削減し、利益を重視した受注を行い、原価管理体制の不備を是正することにより、事業の再生は可能と考えられた。

　他方、対象会社の簿価純資産は6億円の資産超過であるものの、多額の長期不良債権が存在しており、実質債務超過状態にあると見込まれた。

b　資金繰り

　メイン行による支援が得られており、当面の資金繰りには懸念がない状況であった。

(4) 私的再生に向けた取組み

a　協議会手続の活用

　メイン行は、赤字工事の受注、固定費削減の遅れ、多額の長期不良債権の発生等の管理体制の不備が主な窮境原因となっていたことから、二次破綻リスクを低減するためにはガバナンス

の強化が不可欠であるとの考えに基づき、対象会社にスポンサーの選定を要請した。また、スポンサー選定の公正性確保の観点から、協議会手続の活用を要請した。

対象会社はメイン行の要請を受け入れ、協議会手続を活用することとし、再生支援協議会に窓口相談を行った。再生支援協議会は、対象会社の事業性を認め、再生計画策定支援（第二次対応）に移行することとし、外部専門家等からなる個別支援チームを編成した。

b スポンサーの選定

本事例では、対象会社の業種や地域性にかんがみ、幅広くスポンサーを募る手続は行われず、他の取引金融機関に対し、一定の説明をしつつ、メイン行の主導で対象会社の主要取引先にスポンサーの打診がなされた。その結果、対象会社の主要取引先からスポンサーとなる旨の意向表明がなされたことから、同社との間で、出資額2億円で、基本合意を締結した。

c 外部専門家による事業デューデリジェンスおよび財務デューデリジェンス

対象会社の事業性の見極めのため、再生支援協議会の外部専門家による事業デューデリジェンスが実施された。その結果、対象会社は、当初の見込みどおり、赤字工事の受注、固定費削減の遅れ、多額の長期不良債権の発生等の管理体制の不備が主な窮境原因となっていることが判明した。対象会社は、直近期において営業利益0.5億円、経常利益0.1億円を計上しており、これらの窮境原因を除去することにより、持続可能な収益体制

を構築できると考えられた。

この結果をもとに、スポンサー目線に耐えうる、利益重視の損益計画を策定した。具体的には、売上げについては、スポンサーの意見をもふまえ、売上重視から利益を重視した受注方針に転換することとした。これにより、直近期より計画0期において▲10億円の水準(25億円)となり、その後最終的には20億円で安定することを想定した。また、販管費の削減については、削減後である現状の水準を維持することとした。

また、事業デューデリジェンスと並行して財務デューデリジェンスも実施された。その結果、長期不良債権の認識により対象会社は、17億円の実質債務超過状態にあると判断された。

・簿価純資産　　　6億円
・実態純資産　　　▲17億円

(5) 再生計画の策定

メイン行および公的金融機関の信用残高シェアが圧倒的な事案であり、他の取引金融機関の債権額が比較的少額であったため、債権放棄の対象をメイン行および公的金融機関に限定し、他の取引金融機関については、10年間のリスケジュールのみを要請することとした。債権放棄の手法については、偶発債務リスク、簿外債務リスク等を遮断したいとのスポンサーの意向により、第二会社方式による実質的な債権放棄の手法をとることとした。なお、旧会社については、風評被害等を考慮し、破産ではなく、特別清算することも計画に盛り込むこととした。

(6) 再生計画の内容

a 金融支援の内容

有利子負債25億円のうち、債権放棄の対象となるメイン行および公的金融機関の債権（15億円）を旧会社に残し、残りの債権（10億円）を新会社に承継させることとした。

図表9 計画数値イメージ

【計画0期】 単位：億円

現預金 2	支払手形・未払金 7
完成工事未収入金 4	未成工事受入金 4
未成工事支出金 5	
固定資産 8	有利子負債 25
実質債務超過 ▲17	

↓ 会社分割・スポンサー出資2億円 ↘

グッド事業

現預金（注） 4	支払手形・未払金 7
完成工事未収入金 4	未成工事受入金 4
未成工事支出金 5	
固定資産 7 （事業用資産）	有利子負債 10
営業権 1	

（注）スポンサー出資2を計上。

計画売上高	25
売上総利益	2.5
営業利益	0.5
経常利益	0.2

バッド事業

現預金 0	
長期債権 0	
固定資産（遊休資産）1	有利子負債 15
実質債務超過 ▲14	

→有利子負債15は特別清算手続において実質債権放棄。

新会社に承継された債務の弁済原資は、フリーキャッシュフローの一定割合およびスポンサーからの2億円の出資の一部（残額は運転資金）とした。

b　経営者責任・株主責任・保証人責任

　計画時の代表取締役社長、取締役会長の双方に管理体制の不備についての責任はなしとしなかったが、窮境原因が主として外部環境要因にあることや、スポンサーが創業家による事業再生を支援するスタンスのもと継続して経営陣への登用を望んだことから、代表取締役社長は新会社の取締役に、取締役会長が代表取締役社長にそれぞれ就任し、経営を継続することとした。スポンサーは、取締役を派遣して、経営の監視にあたることとなった。

　保証人責任については、窮境原因への関与の度合いやその後の生活再建、新会社への関与等を考慮し、全員について、表明保証および一定の額の保証履行により、残余の保証債務については免除を受けることを計画に織り込んだ。

　（なお、第二会社方式においては、旧会社の清算により、株式の価値がゼロに確定し、もって株主責任が果たされることとなる）

(7)　解　説

a　第二会社方式とスポンサー

　第二会社方式は、すでに述べたとおり、事業のグッド部分を会社分割等によって切り出し、取引債務および金融債務のうち弁済対象とする部分のみを受け皿会社（新会社）に承継させる

ことで過剰債務状態を解消し、事業のバッド部分と実質債権放棄の対象とする金融債務のみを従前の会社（旧会社）に残すかたちとし、旧会社を特別清算等により清算することで、新会社を主体として事業の再生を図る方式である。第二会社方式は、スポンサーを得ることなく自主再建型で過剰債務部分を切り離す場合にも用いられるが（第8章参照）、スポンサー型の再生計画案では、スポンサーが旧会社に存する可能性のあるリスク（偶発債務リスク等）を遮断したいとの意向に基づき、この第二会社方式を選択し、会社分割または事業譲渡のスキームをとることが多い。

　スポンサー型の事業再生が選択される動機には、さまざまなものが考えられる。たとえば、①事業性が弱く、スポンサーの支援がなければ再生が困難と考えられるケース、②ガバナンス強化や資本増強の観点等から、計画の実行可能性を高め、二次破綻リスクを低減するためにスポンサー支援が望ましいケース、③財務の毀損が大きく、多額の債権放棄を伴う金融支援の必要性が認められる場合で、従前の経営陣の責任が重く、退任が不可欠と考えられるケース等が考えられる。スポンサー型の場合、スポンサーが一定のリスクを負いつつも支援する合理性（メリット）がある計画でなければその支援は得られないこととなるから、自主再建型に比べ、事業計画に対する見方は厳しいものとならざるをえず、その結果、金融支援要請額はふくむことが想定される。しかし、金融機関に多大な痛み（債権放棄）を伴う再生計画が不可避である場合には、その痛みがより

大きなものとなる可能性はあっても、再生計画の実行可能性や経営責任等さまざまな観点から総合的にみて、従前の経営陣の経営に委ねるのは適切ではないと考えられるのであれば、スポンサー型が模索されるというのが実情ではないかと思われる。

この事案では、主として上記②の観点でスポンサー型が選択されている。

b　スポンサー選定手続

スポンサー型による場合、どのようなスポンサーを得るのが事業上適切か、また事実上得ることが可能か、の問題と、スポンサー選定手続について取引金融機関の納得を得られるだけの公正性が担保されているか、の問題がある。

前者は、端的にいえば、スポンサーを事業会社に求めるのか、ファンドに求めるのか、その双方か、事業会社という場合には、取引先か同業他社か、等の選択の問題である。また、後者は、いずれの場合にも、スポンサーが評価する対象企業の事業価値次第で金融支援の必要額が変わってくることから、その選定手続が公正なものであったかどうかが再生計画の賛否に際して取引金融機関から問題とされうるものである。

この点については、金融機関の目線では、一般論としては、幅広くスポンサーを募り、スポンサー候補者が競い合う環境のなかで、最高値をつけた者をスポンサーとすべきであるという考え方がありうる。実際に、そのような手続を経てスポンサーが決定されれば、そのスポンサーによる当該企業の評価額をいわば公正なマーケットにおける評価額とみなすことも可能であ

り、計画の合理性を説明することが容易となるとのメリットもある。そして、そのような手続を行うのであれば、債務者企業側にフィナンシャル・アドバイザーをつけ、手続を適正に行うことが求められることが多いであろう。しかし、実際には、そのようなスポンサー選定手続が常に適切かといえば、そうともいえない。こと中小企業については、その属する地域において悪い風評が出た場合には、事業の価値の毀損に直結する場合も少なくないことから、幅広くスポンサーを募ることが不適切な場合も少なくないし、また、そもそも業種、取引の実情、地域性等からみて、おのずとスポンサー候補者が限定されてしまうような場合もありうるからである。たとえば、事業が特定の主要取引先に依存しており、当該主要取引先の離反を招くおそれがある場合には、当該主要取引先自身もしくはその取引先が承認する先に限定されることになる。したがって、そのような要因がある場合には、金融機関に対し事情を説明し理解を得るとともに、決定したスポンサーの評価による事業価値が妥当であることを外部機関や外部専門家による事業価値評価等によって客観的に裏付けることを前提に、初期の段階である程度スポンサー候補者を絞り込むこともありえよう。

　本事例では、業種や地域性にかんがみ、幅広くスポンサーを募る手続は行われず、他の取引金融機関に対し一定の説明をしつつ、メイン行の主導で主要取引先にスポンサーの打診がなされたケースである。取引金融機関の数が限られており、協議会手続において、財務・事業の調査の結果をふまえてスポンサー

の必要性が説明され、その選定の方向性やその経過についてもそのつど説明がなされ、事実上の了承を得たため、幅広くスポンサーを募る手続は行われなかった。

c 第二会社方式の留意点

第二会社方式を採用する場合には、税務問題の確認および許認可の承継(あるいは取得)が留意すべきポイントとなる。具体的には、債務免除益課税の問題のほか、会社分割や事業譲渡に伴い、旧会社において譲渡損益が発生するため、譲渡益が生ずる場合の課税に注意する必要がある。また、承継会社(新会社)で事業を行うために必要な許認可がスムーズに承継もしくは取得されるかどうかの確認も必要不可欠である。

本事例でも、外部専門家(税理士およびコンサルタント)による税務問題の検討および新会社における許認可の取得や建設業における経営事項審査の取扱いについてのサポートが行われた。

d 本事例におけるその他のポイント

(a) スポンサーから新会社に対する相当額の出資が得られたこと

スポンサーから新会社に対し相当額の出資が得られたことにより、スポンサーの再生計画の実行に対する姿勢が明確になり、金融支援要請額とのバランスを図りつつ実行可能性に対する信頼の確保が比較的容易な計画案が実現した。

(b) **グループ会社のうち、スポンサーの支援が得られなかった会社については、破産ではなく特別清算により清算することを計画に織り込んだこと**

　当該債務者企業のグループ会社のうち、不動産業を営むグループ会社については、スポンサーの支援が得られなかったが、当該会社についても、直ちに破産等により清算を行うのではなく、風評被害等を考慮し、段階的に縮小、廃業し、特別清算することをも計画に盛り込むこととした。

　複数の会社からなる企業グループをスポンサー型で再生しようとする場合、そのすべてについてスポンサーの支援が得られないケースもありうる。その場合、スポンサーの支援が得られなかった企業を直ちに破産とした場合、その企業の資産が著しく劣化するのみならず、再生対象企業にも風評被害等の悪影響を及ぼすおそれもなしとしない。そのような場合に、残された企業についても、段階的に縮小、廃業し、破産によらない清算を模索することが得策な場合もありうる（第13章参照）。

(c) **スポンサーの意向のもと、旧会社の経営陣による経営の継続が認められたこと**

　中小企業の場合、スポンサー型であるからといって、旧経営陣を一掃するのが事業上得策ではない場合がありうる。債権放棄を伴うスポンサー型の再生の場合、従来の会社の株式は特別清算手続で無価値となることが確定するから株主責任は果たされ、また、一定の手続を経た保証履行により保証人責任は果たされることとなるが、経営責任については、スポンサーがその

後の事業上有用と認める人材について新会社に残すことは一般に許容されており、そのようなケースは少なくないと思われる。本事例では、やや異例ではあるが、前述のスポンサーの意向により、窮境原因との関連なしとしない旧会社の経営陣ではあったが、取締役会長が新会社の代表取締役社長に、代表取締役社長が新会社の取締役として起用され、スポンサーは株主権を背景として取締役の派遣による経営監視にとどめることになった。

(d) **旧会社の役員の保証人責任の明確化について、保有資産・負債について表明保証を行い、（全額ではない）相当額の保証履行を行うことにより、残余の保証債務を免除することが計画に盛り込まれたこと**

企業の事業再生と保証人責任については一応区別して考えられ、保証人責任の処理を計画で定めることは必須とはいえないが、保証人の資産の処分と求償権の放棄が計画上重要な位置づけにある場合や、今後の計画の履行を担う経営陣が保証人である場合等においては、当該保証人の保証債務の処理を破産手続に委ねるのは適切ではなく、計画の実行を確実ならしめる観点からも計画においてその処理を定めるのが適切な場合がありうる。本事例でも、保証人について、保有する資産と負債について表明保証を行い、生活再建の観点から一般に許容される額を留保し、その額を超える資産を拠出して保証履行をし、企業に対する求償権を放棄することを前提として、残余の保証債務を免除することを計画に織り込み、企業の事業再生と一体的な処

理を行った。

e 最後に（補足）

　本事例は、メイン行の踏み込んだ支援が得られ、メイン行主導でスポンサー型の事業再生が図られた事例である。

　建設業の場合、業種からみても、また、特に地域に根ざした建設業者の場合には、得られるスポンサーが限定されていることが多いと考えられ、メイン行主導でスポンサー選定がなされること自体は問題とされることはないと思われる。本事例では、スポンサー候補者との交渉について、債務者企業側にアドバイザーは選定されておらず、事実上、債務者企業の了承のもと、メイン行および財務・事業調査を行った外部専門家を通じてスポンサーとの調整が図られている。スポンサーが限定されており、その点について他の取引金融機関の了解が得られる見通しであるとの前提のもとで、債務者企業の十分な納得が得られ、その主体性が失われない範囲で行われたものと理解することができる。ただし、このような手法による場合、抽象的には債務者企業・スポンサー間で認識等に齟齬を生じ、トラブルになりやすいといえるため、金融機関としての情報管理や情報提供のあり方に細心の注意を払い、リスクを低減する必要があると考えられる。

第 10 章

DDSを活用した再生事例

1 機械部品製造会社（事例1）

財務毀損が大きいものの、相応の収益力が認められる会社について、協議会手続を活用し、DDSによる再生計画を成立させた事例。

(1) 会社の概要

項　目	概　要
業種	機械部品製造業
資本金	5,000万円
売上高	120億円（直近期）
営業利益推移	前々期：▲3.0億円、前期：▲1.5億円、直近期：1.0億円
経常利益推移	前々期：▲5.5億円、前期：▲4.0億円、直近期：▲0.5億円
有利子負債	50億円（直近期）
取引金融機関	メイン行（地方銀行）40%、メガバンク、政府系、信用組合等の計5金融機関
従業員	240名

(2) 私的整理に至った経緯

対象会社は、最終機械メーカー向けの機械部品を製造する会社である。対象会社は、その技術的優位性から当該事業分野において相応のシェアを保持しており、いわゆるリーマンショッ

ク前までは安定的に経常利益を計上していた。ところが、多額の設備（工場）投資を行った直後に、リーマンショックによる需要減退が生じ、その一方で、早期の需要回復期待から費用削減策の実施が遅れたため、数年にわたり営業赤字を計上することとなった。

直近期は売上げが回復し、新工場の稼働も上がり、営業利益を回復したものの、経常赤字を解消できず、ついには資金繰りが逼迫するに至ったことから、私的整理による事業再生を試みることとなった。

(3) 当初の見立て

a 事業性および財務状態

対象会社は、リーマンショック前には安定的に経常利益を計上しており、また、直近期は費用削減策の実施の遅れにより経常赤字を計上したものの、営業利益を回復していたことから、本来有する事業性は高いと見込まれた。加えて、固定費の削減などさらなる費用削減策を実施すれば、経常黒字を回復する可能性が十分にあると考えられた。

他方、対象会社は、簿価上は12億円の資産超過状態であったものの、不良在庫、固定資産（工場）の含み損等により、実態は多額の債務超過状態にあると考えられた。

そのため、再生計画の内容は債権放棄を伴う抜本的な内容となる可能性があると見込まれた。

b　資金繰り

　対象会社の足元の資金繰りは、数年にわたる経常赤字に加え、売上回復過程における増加運転資金需要もあって逼迫しており、なんらかの資金手当が必要と考えられた。

c　私的整理の手続の選択

　aのとおり、再生計画の内容は債権放棄を伴う抜本的な内容となる可能性があり、取引金融機関の数も5金融機関と少なくなく、再生計画の成立には、中立的な第三者による金融調整と再生計画の客観性の担保が必要であると考えられたことから、協議会手続の活用を目指すこととした。

(4)　事業再生に向けた取組み

a　協議会手続の活用

　メイン行は、上記の見立てに基づき、協議会手続を活用した私的整理による事業再生を目指すため、事前に、再生支援協議会に対象会社の私的整理による再生の可能性について相談するとともに、対象会社に対し、再生支援協議会への相談を助言した。

　対象会社は、再生支援協議会への窓口相談を行ったところ、再生支援協議会は、一定の事業性（収益力）を認め、再生計画策定支援（第二次対応）を開始した。

b　資金繰りの確保

　債務者の足元の資金繰りを確保するため、メイン行との間で短期的なDIPファイナンスの交渉が進められ、売掛金を担保に

融資が実行された。これにより、当面の資金繰りが確保された。

c 専門家による事業デューデリジェンスおよび財務デューデリジェンスの実施

対象会社の事業性の見極めのため、再生支援協議会の外部専門家による事業デューデリジェンスが実施された。

その結果、対象会社の属する業界では企業の設備投資マインドに大きく影響を受けることもあって、業績の振れ幅は大きく、リーマンショックにて売上急減、多額の損失計上を余儀なくされた事象からも、対象会社には事業上の業績変動要因（ボラティリティ）が相応に存在しており、固定費削減等による損益分岐点の引下げが肝要であるとの調査報告がなされた。そして、主に固定費削減施策により、1年後に経常利益を1.0億円計上することが可能と判断された。

・直近期営業利益　　　+1.0億円
・直近期経常利益　　　▲0.5億円
・改善後経常利益　　　+1.0億円（1年後）

もっとも、固定費削減にも限度があることから、収益の改善程度ならびにその継続性について慎重な見極めが必要と判断された。そこで、外部シンクタンクからの評価書を入手し、業界全体の将来動向や回復程度、ならびに対象会社のポジション等につき理論的な補完が行われた。

他方、事業デューデリジェンスと並行して外部専門家による財務デューデリジェンスも実施され、財務毀損度合いの実態把

握が進められた。

　その結果、不良在庫、固定資産（工場）の含み損等の認識により、対象会社は実質22億円の債務超過状態にあることが確認された。

- 簿価純資産　　＋12億円
- 実態純資産　　▲22億円

(5) 再生計画の策定

　以上の事業デューデリジェンスおよび財務デューデリジェンスの結果、対象会社は将来利益による実質債務超過状態の解消には長期の期間を要し、債権放棄を含む抜本的な再生計画を作成する必要があることが明らかとなった。

　この結果をふまえ、対象会社は、外部専門家の支援を得て、金融支援の手法について検討したところ、①業績は回復途上にあるとはいえ、ボラティリティが相応に存在することもあり、数期間での回復の見極めが肝要と考えられたこと、また一方で、②一定以上の収益力の期待による将来の返済可能性が認められたことから債権放棄にはなじまず、DDSによる支援を求めることとした。

　そこで、対象会社から、債権者会議において、DDSによる支援の要請をしたところ、DDSによる金融支援についてはおおむね了解が得られたものの、取引金融機関のDDSの負担割合をめぐって、金融調整は一時難航した。結局、過剰債務の大宗の見合いとなっている新工場への融資を実行したメイン行が

信用残高シェア以上のDDSを引き受けることで、他行の理解が得られた。

(6) 再生計画の内容

a 金融支援の内容（DDS）

対象会社には、事業上の業績変動要因（ボラティリティ）が相応に存在しており、一定の内部留保を図り、経営環境悪化時への備えが必要であると考えられたことから、損益計画上のフ

図表10　計画数値イメージ

【計画0期】

売上債権	仕入債務	
在庫		
固定資産	有利子負債　50	
実質債務超過　▲22		

【10年後】

運転資金	20
収益弁済	13
残債	7
DDS	10

【実質債務超過解消】

改善後経常利益①	1.0	
利払減少	0.2	：DDS要請に伴う
改善後経常利益②	1.2	
10年解消分	12.0	
10年超解消分	10.0	：DDS要請額

【弁済計画】

運転資金は償還債務から除外
収益弁済はFCFの80％水準（※）
DDS債権は計画期間内返済劣後

（※）収益弁済原資

改善後経常利益②	1.2
減価償却費	0.5
返済可能原資	1.7
80％相当	1.3
10年返済分	13.0

リーキャッシュフローの80%相当の金額を収益返済に充てることとされた。

そのうえで、実質債務超過解消を10年とし、10年超部分の債務については、DDSによる劣後債務とすることとされた。

その一方で、計画超過時の追加返済の取決めも行った。

b　経営者責任・株主責任・保証人責任

現代表者の退任は求めず、役員報酬の減額および会社への貸付金の債権放棄を定めた。また、前代表者（計画策定時は経営関与なし）の株式を現代表者へ無償譲渡することで、株主責任を明確化した。保証人（前代表者および現代表者）への保証履行は求めなかった。

2 地域密着型スーパーマーケット（事例2）

　財務毀損の大きい会社について、協議会手続を活用し、一定の収益力ならびに将来の事業提携等の可能性をふまえて、DDSによる再生計画を成立させた事例。

(1) 会社の概要

項　目	概　要
業種	小売業
資本金	2,000万円
売上高	40億円（直近期）
営業利益推移	前々期：▲0.6億円、前期：▲0.1億円、直近期：▲0.4億円
経常利益推移	前々期：▲1.3億円、前期：▲0.8億円、直近期：▲1.1億円
有利子負債	15億円（直近期）
取引金融機関	メイン行（地方銀行）25％、政府系、信用組合等の計7金融機関
従業員	100名（パート含む）

(2) 私的整理に至った経緯

　対象会社は店舗内の調理の総菜を特徴とする地域密着の小中型スーパーマーケットを展開する会社である。商圏人口の減少、大型店の進出、コンビニエンスストアとの競争激化によ

り、不採算店舗を段階的に閉鎖するも、直近数期間は営業損失を計上した。また、過去の過剰出店による金融負債が重荷となり、直近数期間は1億円近くの経常損失を計上していた。このような状況において、自助努力のみによる事業再生は困難と判断し、私的整理による事業再生を試みることとなった。

(3) 当初の見立て

a 事業性および財務状態

対象会社には、不採算と想定される店舗が存在し、これらの店舗を閉鎖して固定費を削減することにより、利益転換する可能性があると考えられた。

他方、対象会社の簿価純資産は2億円であるものの、固定資産(店舗)等について多額の含み損があることが想定された。

そのため、再生計画の内容は債権放棄を伴う抜本的な内容となる可能性があると見込まれた。

b 資金繰り

対象会社は基本的に現金商売であり、運転資金は不要な業態であった。借入金の元金返済猶予中は低位ではあるものの、一定期間の資金繰りのメドは見込める状態であった。

c 私的整理の手続の選択

aのとおり、再生計画の内容は債権放棄を伴う抜本的な内容となる可能性があり、また、取引金融機関の数も7金融機関と比較的多数であり、中立的な第三者による金融調整と再生計画の客観性の担保が必要であると考えられたことから、協議会手

続を活用することが適切であると考えられた。

(4) 事業再生に向けた取組み

a 協議会手続の活用

メイン行は、上記の見立てに基づき、対象会社に対し、再生支援協議会への相談を助言し、対象会社は、再生支援協議会への窓口相談を行った。

そうしたところ、再生支援協議会は、対象会社の計数管理体制が不十分であり、不採算店舗の特定や不採算の程度が明らかでなく、直ちに事業性の判断ができなかったことから、事業性の判断を行うための事業デューデリジェンスを実施するため、外部専門家による支援を実施することを決定した（いわゆる1.5次対応）。

b 外部専門家による事業デューデリジェンス（第一段階）の実施と第二次対応への移行

外部専門家により、事業性の判断のための事業デューデリジェンスが行われ、まず、計数管理、特に店舗別損益の実態把握が実施された。そして、この実態把握の結果に基づき、不採算店舗の特定、不採算の程度の把握が行われた。損益構造の分解が損益改善のスタートと考えられる。

その結果、対象会社に相応の事業性が認められたことから、再生支援協議会は再生計画策定支援（第二次対応）に移行することを決めた。

c 外部専門家による事業デューデリジェンス(第二段階)および財務デューデリジェンスの実施

再生計画策定支援(第二次対応)に移行後、外部専門家による詳細な事業デューデリジェンス(第二段階)が行われ、店舗別損益のモデル化のほか、不採算店舗閉鎖時の費用および諸影響ならびに社内経営資源の最適配分等が検討・検証された。

その結果、主に不採算店舗の閉鎖による固定費削減で、1年後に2,000万円の経常利益を計上することが可能と判断された。

- ・直近期営業利益　　▲0.4億円
- ・直近期経常利益　　▲1.1億円
- ・改善後経常利益　　+0.2億円(1年後)

また、本ケースでは不採算店舗の閉鎖、人員異動、店舗オペレーションの統一、計数管理の継続など、利益計上の前提条件としての要実施事項が多岐にわたることもあり、精緻なアクションプランを策定し、進捗管理を容易にするとともに、事業計画実行の蓋然性確保の一環とした。

事業デューデリジェンスと並行して外部専門家による財務デューデリジェンスも実施され、財務毀損度合いの実態把握が進められたところ、主に不良在庫、固定資産(店舗)の含み損等の認識により、対象会社は9億円の実質債務超過状態にあることが確認された。

- ・簿価純資産　　+2億円
- ・実態純資産　　▲9億円

なお、本事例では、事例1と同様に固定資産(店舗関連)の

比重が大きく、それ以外の論点は少なかった。そのうえで、店舗については計画上の方針（継続と閉鎖）に従い、評価方針を定めた。すなわち、継続店舗についてはその後の安定的なキャッシュフローの創出が認められることを受けて簿価評価（減価償却過不足等を調整した適正簿価）とし、閉鎖予定の店舗については早期売却見込額とした。

この点、閉鎖店舗がふえるほど、閉鎖費用や建設協力金の返金減額等も発生するため、純資産が毀損する方向にあり、一部取引金融機関からは異議も生じた。しかしながら、店舗別損益をベースとした損益改善のプロセスを明示することにより、取引金融機関との共通認識が得られた。

d 提携先の調査について

本事例の特徴の一つであるが、経営環境をかんがみた場合、店舗閉鎖や集約等により利益体質の構築は可能と考えられたものの、その持続性への懸念は完全には払拭できなかった。すなわち、対象会社は、自力での再建の可能性はあるものの、再建可能性のさらなる向上には同業他社等との提携（実質的な救済）についても検討すべきとの認識が、対象会社と取引金融機関との間で共有された。

ただし、提携先を模索するうえでも利益体質を構築した後で行うほうが条件面も含めて望ましいと考えられたため、自力再建の計画の達成と同時並行での継続的な調査とした。

(5) 再生計画の策定

　上記の事業デューデリジェンスおよび財務デューデリジェンスの結果により、対象会社は、将来利益による実質債務超過状態の解消には長期の期間を要し、債権放棄を含む抜本的な再生計画を作成する必要があることが判明した。

　この結果をふまえ、対象会社は、外部専門家の支援を得て、金融支援の手法について検討し、債権放棄による金融支援を求めることとした。

　しかし、対象会社が債権者会議において債権放棄による金融支援を打診したところ、一部の取引金融機関からDDSによる劣後債権化が提案された。これら取引金融機関には、①踏み込んだ店舗戦略による利益化を見極めたい、②そのうえで、提携先の継続調査にも期待をもちたい、といった事情があったものと考えられる。その後の金融調整の結果、DDSを提案する取引金融機関の意向を尊重し、DDSによる再生計画が策定されることとなった。

(6) 再生計画の内容

a 金融支援の内容 (DDS)

　複数店舗展開を行っている小売業態からすれば、いわゆるスクラップ＆ビルド（S＆B）が成長戦略の基本と考えられる。不採算店舗の閉鎖や集約により利益体質の構築が確認された後においては、利益体質の継続の観点からもS＆Bの継続的な検討

図表11

【計画0期】

売上債権 在庫 固定資産	仕入債務
	有利子負債　15
実質債務超過　▲9	

【10年後】

収益弁済	4
残債	5
DDS	6

【実質債務超過解消】
改善後経常利益①　0.2
利払減少　0.1　:DDS要請に伴う
────────────
改善後経常利益②　0.3
10年解消分　3.0
10年超解消分　6.0　:DDS要請額

【弁済計画】
運転資金はなし
収益弁済はFCFの70%水準(※)
DDS債権は計画期間内返済劣後

(※)収益弁済原資
改善後経常利益②　0.3
減価償却費　0.3
────────────
返済可能原資　0.6
70%相当　0.4
10年返済分　4.0

が必須と考えられることから、弁済計画においては将来のビルドの原資見合いとして、フリーキャッシュフローの70%を弁済原資とすることとされた。そのうえで、一部取引金融機関の意向をふまえ、実質債務超過解消を10年とし、10年超の部分の債務についてDDSによる劣後債務化を要請した。

b　経営者責任・株主責任・保証人責任

過去の積極出店時の前代表者（現会長）は退任とした。現代表者は、退任を求めずに役員報酬の減額とした。

株主責任については、前代表者(現会長)の株式を現代表へ無償譲渡することにより、株主責任を明確化した。

保証人(前代表者および現代表者)への保証履行は求めなかった。なお、前代表者は退任後も保証を継続することとした。

(7) 解　　説

a　DDSの選択

本事例においては、事例1、事例2のいずれにおいても、金融支援手法としてDDSが選択されている。DDSは財務リストラクチャリング手法の一つであるが、債務免除やDES(債務の株式化)と比較した場合の最大の特徴は、債権者としての地位に変更がなく、将来的に債権者として返済を受けることにある。したがって、①将来の収益力が認められ、返済可能性が相応にあること、②しかしながら実質債務超過解消までに一定期間を要すること、がDDSの典型例としてあげられよう。DDSの活用が想定されるケースについては、第4章64頁「コラム」参照。事例1はDDSの典型例と思われる。

他方、事例2のような債権放棄とDDSの境界事例もある。DDSは、債権放棄ではなく、既存債権の条件変更であることから、その活用場面においては問題の先送りとならないよう留意する必要があるが、金融機関の見立てはさまざまであり、全金融機関の同意が必要となる私的整理においては、金融調整の結果、DDSが選択されることもある。

b　DDSと経営者責任・株主責任・保証人責任

　債務免除やDESの場合、既存債権の地位変更となるため、経営者の退任が要請されるケースが多いと思われる。DDSの場合であっても一定の経営者責任・株主責任・保証人責任は免れないものと考えられるが、それぞれ、窮境要因への関与と責任程度・今後の再生計画遂行上の役割などを総合的に判断するケースが多いものと思料される。

　事例1においては、経営者責任については、現代表者は業績悪化後に就任したこと、その後の陣頭指揮を執って回復傾向にあること、現代表者の人脈等が事業基盤の一翼を担っていると考えられることから、取引金融機関からの一律的な退任要請はなされなかった。他方、株主責任については、前代表者（計画策定時は経営関与なし）の株式を現代表者へ無償譲渡することで、株主責任を明確化した。保証人（前代表者および現代表者）への保証履行は求めなかった。

　事例2においては、経営者責任については、過去の積極出店時の代表であった現会長は退任としている。実質的な事業承継のタイミングではあったものの、窮境要因への関与とその責任論として、取引金融機関・対象会社ともに異論なく収まっている。また、株主責任については、前代表者（現会長）の株式を現代表へ無償譲渡することにより、株主責任を明確化した。保証人（前代表者および現代表者）への保証履行は求めなかった。

【参考】有担保型DDSの活用

　たとえば、次のようなケースでは、債権残高シェアトップのメイン行（A銀行）は、非保全残高は2.0億円である。

	債権残高		保　全	非保全	
	残　高	シェア①		残　高	シェア②
A銀行	23.0	46.0%	21.0	2.0	10.0%
B銀行	9.5	19.0%	2.0	7.5	37.5%
C銀行	3.5	7.0%	3.0	0.5	2.5%
D銀行	3.3	6.6%	1.0	2.3	11.5%
E信金	0.5	1.0%	0.0	0.5	2.5%
F銀行	0.2	0.4%	0.0	0.2	1.0%
保証協会	10.0	20.0%	3.0	7.0	35.0%
合計	50.0	100.0%	30.0	20.0	100.0%

DDS10億円：非保全シェア（上表シェア②）に基づく場合

	DDS按分	
	負担額	シェア②
A銀行	1.0	10.0%
B銀行	3.8	37.5%
C銀行	0.3	2.5%
D銀行	1.2	11.5%
E信金	0.3	2.5%
F銀行	0.1	1.0%
保証協会	3.5	35.0%
合計	10.0	100.0%

　このケースでは、たとえばDDS要請額10億円を被保全シェアの割合で割り付けた場合、A銀行のDDSの負担額

は1.0億円となる。このようなケースで、全行による支援体制の確立のために、下位行のDDS負担額の全部または一部を自行で負担しようとしても、無担保型DDSであれば、A銀行のDDS負担可能額は最大でも非保全額である2.0億円までとなる。

そこで、有担保型DDSの併用が検討されることになる。

① B銀行以下の金融機関の負担割合を一律軽減する場合

一例として、A銀行がDDS要請額10.0億円に対して、債権残高シェア相当（46％）を負担し、DDS要請額の残額（10.0－4.6＝5.4億円）を、B銀行以下の金融機関における非保全残高シェアにて按分するケースを考えてみると、図表12のとおりとなる。

この場合、被保全シェア按分による各行の負担と、有担

図表12

DDS10億円：A銀行のみ有担保型DDSの導入

	A銀行以外		DDS負担：A銀行		DDS負担：他行	
	非保全残高	シェア③	負担額	負担割合	負担額	負担割合
A銀行	-	-	4.6	46.0%		
B銀行	7.5	41.7%			2.3	41.7%
C銀行	0.5	2.8%			0.2	2.8%
D銀行	2.3	12.8%			0.7	12.8%
E信金	0.5	2.8%			0.2	2.8%
F銀行	0.2	1.1%			0.1	1.1%
保証協会	7.0	38.9%			2.1	38.9%
合計	18.0	100.0%	4.6		5.4	100.0%

図表13

	非保全シェア按分		有担保型DDSの併用	
	負担額	負担割合	負担額	負担割合
A銀行	1.0	10.0%	4.6	46.0%
B銀行	3.8	37.5%	2.3	22.5%
C銀行	0.3	2.5%	0.2	1.5%
D銀行	1.2	11.5%	0.7	6.9%
E信金	0.3	2.5%	0.2	1.5%
F銀行	0.1	1.0%	0.1	0.6%
保証協会	3.5	35.0%	2.1	21.0%
合計	10.0	100.0%	10.0	100.0%

図表14

DDS10億円：A銀行のみ有担保型DDSの導入

	少額除外後		DDS負担：A銀行		DDS負担：シェア③	
	残高	シェア③	負担額	負担割合	負担額	負担割合
A銀行	1.5	8.9%	3.5	35.0%	0.6	8.9%
B銀行	7.0	41.7%			2.7	41.7%
C銀行	-	0.0%			-	0.0%
D銀行	1.8	10.7%			0.7	10.7%
E信金	-	0.0%			-	0.0%
F銀行	-	0.0%			-	0.0%
保証協会	6.5	38.7%			2.5	38.7%
合計	16.8	100.0%	3.5		6.5	100.0%

保型DDSを併用した場合の各行の負担を比較すると、図表13のとおりとなり、有担保型DDSを併用した場合のほうが、全行による支援体制を確立しやすくなる。

② 被保全残高の少ないC銀行、E信金、F銀行のDDS

図表15

	非保全シェア按分		有担保型DDSの併用	
	負担額	負担割合	負担額	負担割合
A銀行	1.0	10.0%	4.1	40.8%
B銀行	3.8	37.5%	2.7	27.1%
C銀行	0.3	2.5%	0.0	0.0%
D銀行	1.2	11.5%	0.7	7.0%
E信金	0.3	2.5%	0.0	0.0%
F銀行	0.1	1.0%	0.0	0.0%
保証協会	3.5	35.0%	2.5	25.1%
合計	10.0	100.0%	10.0	100.0%

負担割合をゼロとする場合

一例として、非保全残高に対して一律0.5億円を非保全残高から除外し、A銀行がDDSとして負担（除外した0.5億円×金融機関数7行=3.5億円の負担）し、DDS要請額の残額（10.0－3.5=6.5億円）を少額除外後の非保全残高シェアにて按分するケースを考えてみると、図表14のとおりとなる。

この場合、被保全シェア按分による各行の負担と、有担保型DDSを併用した場合の各行の負担を比較すると、図表15のとおりとなり、有担保型DDSを併用した場合のほうが、全行による支援体制を確立しやすくなる。

なお、上記はあくまで一例であり、実際の支援内容については、金融支援の衡平性・計画成立の可能性等を含めた総合的な判断になる。

第11章

ファンドを活用した再生事例

1 特殊産業向け機械製造会社

取引金融機関多数の会社について、債権放棄のほか事業再生ファンドへの債権売却のオプションを提示した再生計画を成立させた事例。

(1) 会社の概要

項　目	概　要
業種	特殊産業向け機械製造業
資本金	2,000万円
売上高	20億円（直近期）
営業利益推移	前々期：0.1億円、前期：▲1.0億円、直近期：0.7億円
経常利益推移	前々期：▲0.5億円、前期：▲1.6億円、直近期：0.1億円
有利子負債	20億円（直近期）
取引金融機関	メイン行（地方銀行）20％、メガバンク、政府系、第二地銀、信用組合等の計15金融機関
従業員	50名

(2) 私的整理に至った経緯

対象会社は、特殊産業向け機械製造業を手がける業歴50年の会社である。優れた技術力を有し、当該事業分野において、上位の市場シェアを確保し、一定のブランドを確立していた。

もっとも、対象会社は、大型受注物件の獲得次第によって売上高が大きく左右される事業構造となっているうえ、原価管理の不十分性に起因する赤字物件の受注により、たびたび営業赤字を計上していた。また、過去に借入金で行った株式投資の失敗によって金融負債が重荷となり、数年にわたり経常損失を計上していた。

　このような状況において、対象会社は、前期末に損益分岐点を引き下げるために余剰人員の削減を実施したところ、この施策も寄与して、直近期では7,000万円の営業利益を計上した。

　しかし、金融負債が重荷となっている財務状態は変わらず、メイン行の主導により、私的整理による事業再生を試みることとなった。

(3) 当初の見立て

a 事業性および財務状態

　対象会社は、直近期において、前期に実施した余剰人員の削減、企業の設備投資の回復による受注物件の増加ならびにメンテナンス事業の伸長により営業利益を計上した。また、窮境要因の一因でもある原価管理については、第三者を活用し、管理方法・運用ルールの見直し等の対策を実行すれば改善の余地があるものと推測された。さらに、競合他社との比較において技術力の点で優れており、潜在的な伸び代は大きいものと考えられた。

　他方、対象会社は、過去に借入金で行った株式投資の失敗に

起因して、6億円の簿価債務超過状態となっていたところ、仕掛品等の含み損により、実質的な債務超過額はさらにふくらむものと考えられた。

これらのことから、再生計画の内容は債権放棄を伴う抜本的な内容となる可能性が高いと見込まれた。

b 資金繰り

今期は需要回復によって運転資金が増加したが、メイン行による短期運転資金融資にて一服していた。しかしながら、今後赤字物件が発生した場合は、資金繰りに支障をきたす可能性が想定され、原価管理体制の改善は急務と考えられた。

c 私的整理の手続の選択

aのとおり、再生計画の内容は債権放棄を伴う抜本的な内容となる可能性があり、取引金融機関の数も15金融機関と多く、再生計画の成立には、中立的な第三者による金融調整と再生計画の客観性の担保が必要であると考えられたことから、協議会手続の活用を目指すこととした。

(4) 私的再生に向けた取組み

a 協議会手続の活用

メイン行は、上記の見立てに基づき、協議会手続を活用した私的整理による事業再生を目指すため、事前に、再生支援協議会に対象会社の私的整理による再生の可能性について相談するとともに、対象会社に対し、再生支援協議会への相談を助言した。

対象会社は、再生支援協議会への窓口相談を行ったところ、再生支援協議会は、一定の事業性（収益力）を認め、再生計画策定支援（第二次対応）を開始した。

b 事業再生ファンドの活用

対象会社は、前期に実施した余剰人員の削減による損益分岐点の引下げによって、収益力を一定程度改善させていたものの、現行の収益水準では簿価債務超過の解消ならびに借入金の弁済が長期にわたることが想定されるため、さらなる事業面と財務面双方の改善の取組みが必要と考えられた。

しかしながら、現経営陣による施策は一通り実施された状況であり、主要取引金融機関との意見調整のなかでも、現経営陣のみによる短期間でのさらなる収益改善は困難ではないか、との意見が多数を占めた。

また、本事例では、取引金融機関が15金融機関と多く、金融調整が難航するおそれもあり、一部の取引金融機関が再生計画に同意しない場合の対応を検討する必要があった。

そこで、本事案では、事業再生ファンドを活用して、対象会社の潜在的な収益力を顕在化させる取組みを行うとともに、一部の取引金融機関が再生計画に同意しない場合の受け皿（事業再生ファンドによる債権買取り）とすることとした。

事業再生ファンドを活用することにより、取引金融機関の債権を事業再生ファンドに集約し、経営資源を事業面に注力させる効果も期待された。

c 専門家による実態把握（事業デューデリジェンス、財務デューデリジェンスの実施）

再生支援協議会の外部専門家による事業デューデリジェンスが実施され、対象会社の窮境原因の実態把握が進められた。また、その結果を事業再生ファンドと共有して協議を繰り返し、原価管理体制の整備等、対象会社だけでは実行が困難であった改善策を策定した。そして、その改善策を実施した場合の収益性を検討したところ、対象会社は1年後に経常利益を1.0億円計上することができると判断された。

- ・直近営業利益　　　0.7億円
- ・直近期経常利益　　0.1億円
- ・改善後営業利益　　1.6億円（1年後）
- ・改善後経常利益　　1.0億円（1年後）

また、専門家による財務デューデリジェンスを実施し、対象会社の財務毀損度合いの実態把握をしたところ、販売の見込みのない仕掛品や赤字販売となる仕掛品の含み損▲3億円と従業員の退職給付債務▲1億円を認識したことにより、対象会社の実質債務超過額は10億円となることが判明した。

- ・簿価債務超過　　　▲6億円
- ・実質債務超過　　　▲10億円

なお、不動産については、若干の含み損の可能性はあったものの、事業用不動産であり、立地条件や移転コスト等から継続利用を前提として、減損テストを実施したところ、減損の必然性も認められなかったため、簿価評価を採用した。

(5) 再生計画の策定

以上の事業デューデリジェンスおよび財務デューデリジェンスの結果として、対象会社には一定の収益力と将来の改善可能性はあるものの、財務の毀損度合いが大きく、債権放棄を含む抜本的な金融支援の必要性が認められた。

この結果をふまえ、対象会社は、外部専門家の支援を得て、金融支援の手法について検討し、債権放棄による金融支援を求めるとともに、一部の取引金融機関が再生計画に同意しない場合の受け皿として、事業再生ファンドによる債権買取りのオプションを提示することとした。

(6) 再生計画の内容

a 金融支援の内容(債権放棄あるいは事業再生ファンドに対する債権売却)

競争力の維持のため、新規の設備投資および維持更新投資としてフリーキャッシュフローのうち2,000万円を充当することとした。残額が弁済可能原資となるが、対象会社の事業はボラティリティが高いため、残額の80%相当額を弁済することとした。

そのうえで、実質債務超過解消5年を超える金額に対し債権放棄7億円(非保全に対する支援率は75%)を要請することとした。債権放棄7億円の按分は取引金融機関の非保全残高シェアによることとした。

図表16

【支援前】

売上債権	仕入債務
在庫	
固定資産	有利子負債　20
実質債務超過　▲10	
（簿価債務超過）（▲6）	

【支援後】

売上債権	仕入債務
在庫	
固定資産	有利子負債　13
実質債務超過　▲3	

債権放棄7億円
（金融機関5億円＋
事業再生ファンド2億円）

【実質債務超過解消】

改善後経常利益①	1.0
利払減少	0.2
改善後経常利益②	1.2
解消年数	2.5年
計画3期目に実質債務超過解消	
簿価債務超過は即時解消	

【債務償還年数】

改善後経常利益②	1.2
減価償却費	0.2
キャッシュフロー	1.4
設備投資	−0.2
返済可能原資③	1.2
返済原資③×0.8	1.0
債務償還年数	13.0年

　また、下位金融機関は放棄後残債が少額にもかかわらず10年超の長期弁済となることから、不同意の際の受け皿として、事業再生ファンドへの債権の売却のオプションを提示した。

　さらに、今後の運転資金について、売掛金ならびに在庫を担保に供することで、メイン行に継続支援を依頼した。

b　経営者責任・株主責任・保証人責任

　債権放棄による金融支援を内容とした再生計画であることから、現社長の退任および私財提供を定めた。後任は製造部長である現社長の息子とした。また、現社長は保証人でもあったことから、経営者責任および保証人責任の履行として、私財提供を実施した。なお、残債については、保証履行は求めないこと

とした。

　また、対象会社の株式は、現社長ならびに親族が100％保有していたところ、次期社長となる製造部長へ全株式を無償譲渡することとして、株主責任を明確化した。

(7) 取引金融機関の同意と債権売却

　再生支援協議会の主導により、再生計画について金融機関調整が行われ、15金融機関のうち、10金融機関が同意したものの、貸出額下位5金融機関が再生計画に同意せず、事業再生ファンドに債権を売却した。

　事業再生ファンドは、債権取得後に計画上での5金融機関合計の債権放棄額2億円の債権放棄を実施し、再生計画に同意した取引金融機関の債権放棄額5億円とあわせて7億円の債権放棄となり、簿価債務超過は即時解消した。また、金融支援後の実質債務超過は3億円、実質債務超過解消年数は3年となった。

(8) 解　説

a　事業再生ファンドの活用

(a) 事業再生ファンドを活用した経緯

　本件では、①現経営陣による施策は一通り実施された状況であること、②仮に金融調整が難航し事業計画に同意できない金融機関が現れた場合の受け皿（事業再生ファンドによる債権買取り）としての役割にもなりうること、③金融機関の債権を事業

再生ファンドに集約することによって、経営資源を事業面に注力させる効果も存在すると考えられること等の理由により、事業再生ファンドが活用された。

事業再生ファンドは一義的には投資家からの利益追求が求められるため、相応の投資効果の蓋然性があるのか、という観点から対象会社の支援を検討する。本件では、①上位シェアのブランド力、②内部管理体制強化による収益力の底上げ、③金融支援による支払利息負担の軽減、④経営陣の経営意欲、といった点から投資適格と判断されたものである。

(b) **事業再生ファンド関与による収益力の底上げ**

本件では、事業再生ファンドとの協議により、対象会社の事業改善策が策定された。具体的な改善策は次のとおりである。

① 内部管理体制の強化による原価低減
・共通原価の集計方法・配賦方法を見直し、適切な製品別原価管理を実施。
・原価の見積方法も見直しを行い、得意先別・製品別の適切な売価を設定。
・採算管理の責任者を任命し、予算と実績の進捗状況を把握し、適切な対策を講じる体制整備。
・製造ロスの原因・金額を把握し、製造工程を改善。

② 製造工程を標準化することによって作業効率を高め、残業代を抑制するとともに、現状の人員体制における受注可能額をふやす。

③ 相見積りの徹底による材料費削減。過去からの取引の馴れ

合いを排除し、コスト意識の醸成を図る。
④ 外注先の開拓。材料費同様に外注先に関しても、より高品質・低価格で作業を請け負うことができる下請業者を開拓し、原価低減を図る。

このように、事業再生ファンドとの協議により、対象会社だけでは実行が困難であった改善策の策定に至った。

b 本事例におけるその他のポイント（経営責任、株主責任および保証責任について）

本件は債権放棄事案であったため、現社長は経営責任をとって退任し、後任には息子である製造部長が就任した。製造部長は、①メンテナンス事業の強化等、経営に一定の成果をあげていること、②経営意欲が高く、ガバナンスが効いていること、といった点から後継者として任命した。

また、現株主は現社長の親族が100％を保有していたところ、次期社長である製造部長に無償にて全株式を譲渡することにより、株主責任を明確化した。

保証責任については、保証人である現社長は私財提供を実施し、表明保証を提供のうえ、残債については、保証履行請求を行わないこととした。

c 最後に（補足）

事業再生ファンドの活用には、債権買取りのほかにも、普通株式や種類株式の出資などさまざまな形態が想定される。また、それらの手法は一般的には「合わせ技」でなされることが多い。たとえば、事業再生ファンドが債権購入後にDES（債務

の株式化)を実施することも散見される。

また、再生計画においても、本事案のように事業再生ファンドへの売却をオプションとして位置づけるのではなく、全行に事業再生ファンドへの売却を依頼する場合も存在する。

その意味では、事業再生ファンドの活用については当然にケースバイケースであるが、一般的に、債権買取りに限って活用する場合は、①対象企業において一定のガバナンスが効いている、②設備投資やリストラ資金といった新規資金の必要がない、③取引金融機関が多数存在し、金融調整の難航が予想される、といった場合が多いと思われる。

2 電化製品製造会社

　多額のリストラ資金が必要な会社について、協議会手続を活用して、再生ファンドをスポンサーに選定し、債権放棄の再生計画を成立させた事例（再生ファンドによる株式投資の事例）。

(1) 会社の概要

項　目	概　要
業種	電化製品製造業
資本金	3,000万円
売上高	100億円（直近期）
営業利益推移	前々期：0.5億円、前期：0.0億円、直近期：1.0億円
経常利益推移	前々期：▲0.5億円、前期：▲1億円、直近期：0億円
有利子負債	50億円（直近期）
取引金融機関	メガバンクと地方銀行の並行メイン、第二地銀を含め、計7金融機関
従業員	300名

(2) 私的整理に至った経緯

　対象会社は、創業70年の老舗企業であり、電化製品の専業メーカーとして業界屈指の企業である。エンドユーザーからのブランド認知度は高く、量販店からは、品質やアフターサービ

ス体制が評価され、厚い信頼を受けている。また、数年前はヒット商品に恵まれ、業容を拡大し、売上高200億円、営業利益15億円を計上していた。

　ところが、ヒット商品のブームが去って、売上高が落ち込み、その一方で、売上高200億円を想定した製造、販売、管理体制が維持されたことからコスト構造が重く、近年は若干の営業利益を計上する状態となっていた。また、対象会社は、過去の業容拡大時の工場増設や投資有価証券の市場価額の下落等により、借入過多となっており、経常赤字が続いていた。

　このような状況において、対象会社は、業績改善および金融機関取引の正常化がなされなければ、早晩資金繰りが破綻することが見込まれたことから、私的整理による事業再生に取り組むこととした。

(3) 当初の見立て

a 事業性および財務状態

　対象会社の主力商品の国内市場は安定推移しており、外国製品の新規参入障壁は高いと認められたことから、売上高100億円の維持は可能と見込まれた。また、成長戦略として、研究開発に注力し付加価値を高めることやアジア圏への輸出販売を軌道に乗せることができれば、売上高の拡大余地も十分に存在すると考えられた。加えて、対象会社のコスト構造は売上高200億円体制のままとなっており、コスト削減余地は大きく、原価低減・販管費等の削減や変動費化を実施すれば、相応の利益計

上は可能と考えられた。

 他方、対象会社の簿価純資産は10億円であったが、投資有価証券や工場の含み損および退職給付債務の引当不足等が存在し、実質債務超過状態にあると見込まれた。

b 資金繰り

 対象会社の営業キャッシュフローは若干ながらプラスであり、取引金融機関への元本返済を停止すれば、当面の資金破綻は回避できると見込まれた。ただし、事業再生に必要なリストラ資金を、自ら捻出する余裕はなく、ニューマネーの調達は、再生を実現するための重要なポイントであると判断された。

(4) 事業再生に向けた取組み

a 専門家の選任および協議会手続の活用

 対象会社は、上記のとおり、事業再生を実現するためにはリストラ資金を調達する必要があり、場合によってはスポンサーの選定が必要と考えられた。そこで、手続の公正性・公平性・透明性を確保するため、代理人弁護士および公認会計士を中心とするコンサルタントを選任した。

 また、対象会社は、私的整理手続の公正性、事業デューデリジェンスおよび財務デューデリジェンスの検証、経営者責任等について第三者的立場からの評価を得ることを目的として、協議会手続を活用することとし、再生支援協議会に申込みを行った。

 対象会社は、上記のとおり、すでに弁護士とコンサルタント

を選任しており、当該弁護士等関与のもと再生計画の策定が予定されていた。そこで、再生支援協議会は、専門家アドバイザー（弁護士、公認会計士）に委嘱し、当該アドバイザーが手続の公正性や再生計画の内容等を調査検証する、いわゆる「検証型」による関与が適切であると判断した。

b リストラに必要な資金の算定

対象会社は、上記専門家関与のもとに、必要となるリストラ資金を算定したところ、総額5億円の資金が必要と算定された。その内訳は次のとおりである。

- ・希望退職制度の実施　　1.5億円
- ・退職金制度の廃止　　　1.0億円
- ・工場の統廃合　　　　　1.0億円
- ・会計システムの導入　　0.5億円
- ・営業拠点の統廃合　　　0.5億円
- ・中国工場への移管　　　0.5億円

そのうえで、リストラ項目を、自力で行える項目と資金を必要とする項目に分け、後者の必要資金を見積もったところ、対象会社の手元資金でまかなうことが不可能であり、かつ取引金融機関からの調達も困難であると考えられたことから、スポンサーの選定を検討するに至った。

c スポンサーの選定

その後、対象会社と取引金融機関との間で、リストラ資金の必要性にかんがみ、スポンサーの選定が必要不可欠であるとの共通認識が得られたことから、スポンサー選定手続が行われる

こととなった。

　対象会社は、スポンサー選定手続を公正・公平・透明に行うために、上記コンサルタントをフィナンシャル・アドバイザーに選任した。

　スポンサー選定においては、同業他社や大手電気メーカーといった事業スポンサーを第一候補とし、交渉を開始した。しかし、対象会社の事業基盤の固さやブランドに興味をもつ事業会社は複数存在したものの、借入過多や実質債務超過といった財務面における懸念が強く、最終合意には至らなかった。

　第二候補として、再生ファンドとの交渉を開始し、再生ファンドに対して、5億～10億円の出資と既存借入金50億円に対する金融支援スキームならびに金融支援額の提示を要請した。複数の再生ファンドと交渉を実施した結果、中小企業の再生に特化した再生ファンドと、出資額10億円、債権放棄5億円で基本合意を締結した。

d　事業デューデリジェンスおよび財務デューデリジェンスの実施

　スポンサー選定後、スポンサーとの協議により、内部統制の強化、事業戦略の再構築等の改善策を策定し、それをもとに事業デューデリジェンスを実施したところ、売上高は安定的に推移し、原価低減・販管費等の削減余地は3億～4億円程度存在すると判断された。そして、リストラ計画（内容、効果、必要資金）をスケジューリングし、これを損益計画に反映したところ、対象会社は3年後に経常利益を3億～4億円計上すること

ができると見込まれた。

- 直近期営業利益　　　1億円
- 直近期経常利益　　　0億円
- 将来経常利益　3億〜4億円（3年後）

また、財務デューデリジェンスによる財務毀損度合いの実態把握を実施したところ、投資有価証券や工場の時価下落、在庫評価の不適切な処理および退職給付債務の引当不足等の含み損の認識により、対象会社は10億円の実質債務超過にあると判断された。

- 簿価純資産　　　　10億円
- 実質債務超過　　　▲10億円

(5) 再生計画の策定

金融支援に関しては、DDSやDES（債務の株式化）なども検討されたが、ガバナンスの変更およびニューマネーの調達を目的としたスポンサーの導入を実現するには、債権放棄まで踏み込む必要があると判断した。

(6) 再生計画の内容

a　金融支援の内容

再生ファンドによる出資10億円についてはリストラ資金および運転資金に充当することとし、フリーキャッシュフローの50%を弁済原資とした。

そのうえで、実質債務超過解消10億円に対し債権放棄5億円

図表17　計画数値イメージ

① BS

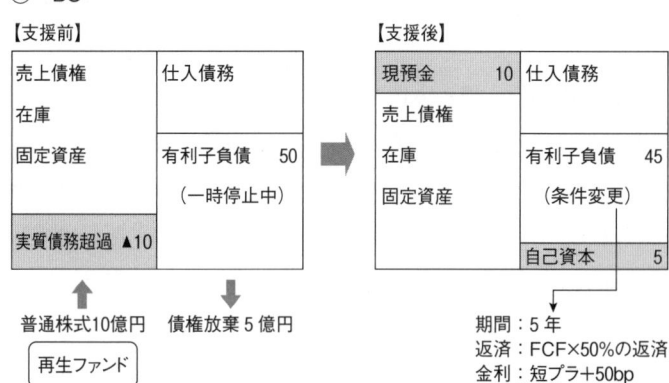

【支援前】

売上債権	仕入債務
在庫	
固定資産	有利子負債　50
	（一時停止中）
実質債務超過 ▲10	

↑ 普通株式10億円　　↓ 債権放棄5億円

再生ファンド

【支援後】

現預金　10	仕入債務
売上債権	
在庫	有利子負債　45
固定資産	（条件変更）
	自己資本　5

期間：5年
返済：FCF×50%の返済
金利：短プラ+50bp

② PL

(単位：億円)

	支援時点	第1期	第2期	第3期	第4期	第5期
売上高	100.0	100.0	100.0	100.0	100.0	100.0
営業利益	1.0	2.0	4.0	4.0	5.0	5.0
経常利益	0.0	1.1	3.1	3.2	4.2	4.2
当期利益	0.0	-10.0	3.1	3.2	4.2	4.2
FCF	0.5	1.6	3.6	3.7	4.7	4.7
返済	0.0	0.8	1.8	1.8	2.3	2.4
借入金	45.0	44.2	42.4	40.6	38.2	35.9
現預金	10.0	5.8	7.6	9.4	11.8	14.1
ネット借入金	35.0	38.4	34.8	31.1	26.4	21.7

（非保全残高40億円に対する支援率は12.5%）を要請することとした。債権放棄5億円の按分は取引金融機関の非保全残高シェアによることとした。金利は、短期プライムレート+50bpに統一した。

なお、期末の現預金残高が15億円を超過した場合は、超過分の50％を追加弁済する、いわゆるキャッシュスウィープ条項を定めた。

b　経営者責任・株主責任・保証人責任

　本事例は債権放棄事案であり、取引金融機関の強い意向もあって、現取締役は、全員退任し、退職金を放棄することを定めた。現代表者については私財提供も定めた。他方、新経営陣として再生ファンドから取締役2名の派遣を受け、幹部クラスから取締役2名を選任することとした。また、メイン行から監査役を受け入れることとした。

　既存株式はすべていわゆる無償減資（株式の無償取得と消却）とした。

　また、保証人の保証債務については、保証人の資産を開示したうえ、不動産等の資産を任意売却した売却代金と一定額の預金を弁済に充て、残額について免除を要請した。

(7)　解　　説

a　事業再生ファンドの活用

　対象会社は、事業再生に必要なリストラ資金を、自ら捻出する余裕はなく、スポンサーの選定は対象会社の事業再生を実現するための重要なポイントであった。

　本事案では、複数の事業スポンサー候補と金融スポンサー候補に支援を打診したが、事業スポンサー候補からの提案は、いずれも取引金融機関の想定を超える金融支援額を前提とする提

案であり、再生計画の取りまとめが困難であると判断された。多額の債務超過を抱えている企業やリストラを多く実施しなければならないケースなど、事業スポンサーによる支援が得られにくいケースにおいても、再生ファンドであれば、取引金融機関と目線をあわせつつ、再生目線で協議を進めることができるケースがあると考えられる。

　なお、スポンサーを選定する事案では、スポンサーから実質債務超過の即時解消を求められることが多く、そのような場合には、スポンサーの出資額の増加＝金融支援額（債権放棄額）の減少という構図となる。本事案では、金融機関は対象会社の実質債務超過額に相当する10億円の債権放棄を求められる可能性があったが、複数のスポンサー候補による入札形式を採用することで、債権放棄の額は5億円となった。競争環境をつくりだすことは、金融機関にメリットがあるし、金融調整をより円滑に進めることができるという点で債務者側にもメリットがある。ただし、中小企業の再生事案では、スポンサー候補がなかなか見つからず、ようやく1社が手をあげるようなケースもまれではない。競争環境をつくりだすことはスポンサー選定手続の公正性を確保する一つの手法ではあるが、スポンサー候補が1社しか現れないようなケースでは、協議会手続を活用したり、外部専門家による事業価値評価書を取得したりして、スポンサー選定手続の公正性を確保するなどの工夫も必要であろう。

b 再生ファンドによる事業の抜本的な改革内容

本事例では、スポンサーに選定された事業再生ファンドとの協議により、対象会社の抜本的な事業改善策が策定された。具体的な改善策は次のとおりである。

① ガバナンス・内部統制の強化
・経営意思決定プロセスの透明化、密室経営から合議制に移行。議事録は、従業員に開示
・社外取締役、社外監査役、会計監査人の設置
・経費の事前申請制の徹底

② 従業員の意識改革
・損益分岐点売上高の意識づけ
・経費削減や業務見直しに係る社内プロジェクトの立上げ

③ 事業戦略の再構築
・新規チャネルの開拓として、OEM製品の提供、海外メーカーへの部材供給といった従来の販売方法とは異なる販売チャネルを開拓
・商品ラインナップの絞込みと拡充
・販売チャネル別に目標貢献利益額および利益率を定め、不採算取引を徹底して排除

④ キャッシュフローマネジメントの導入と計数管理の強化
・財務会計、管理会計の精緻化
・予算と実績管理の徹底
・資金繰りの精度向上

⑤ コスト構造改革

・販売コストの削減または変動費化

・物流の短縮化に伴うコスト削減

・サプライヤーの再検討

・工場の集約化と生産方法の簡素化

⑥ 財務戦略

・在庫圧縮や滞留在庫処分

・営業外の資産の売却推進

・販売先や仕入先との決済条件の変更

⑦ 人事制度改革

・業績連動型の給与体系への変更

・就労環境の整備

　このように、再生ファンドがスポンサーとなることにより、対象会社だけでは実行が困難であったと思われる改善策の策定に至った。

c　最後に（補足）

　取引金融機関主導で再生ファンドの受入れを検討するにあたり、債務者が難色を示すケースが散見される。これは、債務者に、再生ファンド=「いわゆる、ハゲタカファンド」であり、資産の切売り等で儲けたら、最後は清算等に追い込まれるとの先入観があることによるものと思われる。金融機関は、再生ファンドは出資というリスクマネーを提供し、ハンズオンによる業績改善を先導する立場であり、債務者にとって有意義な存在になりうることを丁寧に説明し、債務者の理解を求めることが必要であろう。

コラム 地域再生ファンドについて

1 地域再生ファンドとは

近時の事業再生局面においては、従前にも増して、地域再生ファンドが活用される場面が多くなっている。

地域再生ファンドは、複数の投資家が資金を拠出し組成され、その資金を投資などに活用する、いわゆる基金の一種である。大きな特徴としては、①地域金融機関により資金が拠出され組成された基金であること、②基金の主たる使途は特定地域の経営不振企業への出資や金融機関債権の買取りであることがあげられる。

地域再生ファンドの組成主体は、民間のみの場合もあれば、公的機関と民間とが共同で組成する場合もある。

たとえば、「中小企業金融円滑化法の最終延長を踏まえた政策パッケージ」において、「地域における事業再生支援機能の強化を図るため、地域金融機関と中小企業基盤整備機構が連携し、出資や債権買取りの機能を有する事業再生ファンドの設立を促進する」旨がうたわれており、これを受けて、公的機関である中小企業基盤整備機構が地域金融機関とともに資金を拠出したファンドが相次いで組成されている。

2 地域再生ファンドの組成状況

平成25年1月現在、全国47都道府県のほぼすべてで地域再生ファンドが設立されている。そのうち、中小企業基盤整備機構が資金拠出をする、いわゆる中小企業再生ファンドに限ってみ

ても、同月現在、25もの地域再生ファンドが組成されるに至っている（下表参照）。

（単位：億円）

	名　称	設立日	総額
1	大分企業支援ファンド投資事業有限責任組合	H16. 1 .15	50.0
2	静岡中小企業支援投資事業有限責任組合	H16. 3 .31	40.0
3	茨城いきいき投資事業有限責任組合	H16. 4 .28	13.8
4	とちぎ中小企業再生ファンド投資事業有限責任組合	H16.10.25	38.0
5	山陰中小企業再生支援投資事業有限責任組合	H16.12.20	20.0
6	南国土佐再生ファンド投資事業有限責任組合	H17. 3 .25	20.0
7	投資事業有限責任組合愛知中小企業再生ファンド	H17. 3 .30	28.2
8	えひめ中小企業再生ファンド投資事業有限責任組合	H17. 6 .30	30.0
9	埼玉中小企業再生ファンド投資事業有限責任組合	H17.11.30	30.0
10	おきなわ中小企業再生ファンド投資事業有限責任組合	H18. 3 .31	30.0
11	千葉中小企業再生ファンド投資事業有限責任組合	H18. 3 .31	20.0
12	おおさか中小企業再生ファンド投資事業有限責任組合	H18. 4 .28	25.0
13	静岡中小企業支援2号投資事業有限責任組合	H18. 9 .12	60.0
14	北海道中小企業チャレンジファンド投資事業有限責任組合	H19. 6 .11	5.22
15	ぎふ中小企業支援ファンド投資事業有限責任組合	H20. 3 .31	20.1
16	静岡中小企業支援3号投資事業有限責任組合	H21. 7 .30	40.0

17	九州中小企業支援ファンド投資事業有限責任組合	H21.8.10	30.2
18	うつくしま未来ファンド投資事業有限責任組合	H22.5.24	30.0
19	いしかわ中小企業再生ファンド投資事業有限責任組合	H22.5.31	50.0
20	かながわ中小企業再生ファンド投資事業有限責任組合	H23.12.7	24.1
21	おかやま企業再生ファンド投資事業有限責任組合	H24.10.15	50.0
22	茨城いきいき2号投資事業有限責任組合	H24.12.20	20.0
23	とうきょう中小企業支援ファンド投資事業有限責任組合	H25.1.17	25.0
24	山陰中小企業支援3号投資事業有限責任組合	H25.1.17	30.0
25	千葉中小企業再生ファンド2号投資事業有限責任組合	H25.1.17	20.0

　全体的に、事業再生ファンドとしては基金総額が比較的低いが、それは、これら地域再生ファンドは主として中小企業を投資対象としており、投資額も比較的少額にとどまるためである（1企業につきせいぜい2億～3億円といわれる）。

3　地域再生ファンドによる再生手法

　地域再生ファンドによる支援手法としては、大きく株式取得と債権買取りとに分けられる。株式取得は、対象企業が発行する新株を引き受けるに際し、資金支援を行うものである。債権買取りは、金融機関の債権を、当該ファンドの評価（対象企業が大幅な債務超過の状態であれば相当な廉価となるであろう）により買い取るものである。そのうえで、当該ファンドにてか

かる債権を放棄することで、対象企業の財務リストラを図るのである。金融機関にとっては、直接債権放棄よりも債権売却のほうが、無税償却にあたっての税務上のハードルが低いともいわれる[28]。

また、地域再生ファンドは経営不振企業の再生に主眼を置くため、上記方法による支援を実施するに際しては、同ファンド自身で対象企業の経営を担い、その再生を図ろうとすることが一般的である(ハンズオン方式)。

なお、地域再生ファンドには存続期間があることが通常であり、無事に対象企業の再生をある程度果たした場合には、投資を回収する必要がある。株式取得による支援の場合、業績回復により価値が上昇した株式を第三者に譲渡する方法で回収がなされる。債権買取りの場合は、金融機関によるリファイナンスによって回収することが多いといわれる。

---

[28] 直接債権放棄の課税問題については、『実践的中小企業再生論〔改訂版〕』第3部第7章第1節182頁に詳しい。債権売却の課税問題については、『実践的中小企業再生論〔改訂版〕』第3部第7章第4節224頁に詳しい。

第12章

デリバティブ取引による多額の損失がある会社の再生事例

――デリバティブ取引による多額の損失発生を窮境原因とする会社について、金融ADRと協議会手続を併用して、リスケジュールによる再生計画を成立させた事例

食料品卸売会社

(1) 会社の概要

項　目	概　　要
業種	卸売業（食料品）
資本金	3,000万円
売上高	17億円
営業利益推移	前々期：1.4億円、前期：1.3億円、直近期：1.0億円
経常利益推移	前々期：1.0億円、前期：0.9億円、直近期：0.7億円
有利子負債	19億円（デリバティブ損失12億円を含む）
取引金融機関	メイン行（メガバンク）20％、メガバンク、地方銀行、政府系金融機関等の合計8金融機関
従業員	約30名

(2) 私的整理に至った経緯

　対象会社は、海外から希少価値のある食料品を輸入し、国内の商社や小売業への卸売りを行う会社である。対象会社は、創業以来順調に売上げを伸ばしてきたが、リーマンショック後の需要減退に伴い売上げが減少しているなか、大口取引先との総代理店契約が解消されたことにより、直近期では、前期比20％の大幅な売上減少があった。このような業況の低迷と時期を同

じくして、円高の進行に伴い、対象会社が行っていたデリバティブ取引に多額の差損を計上するようになり、内部留保や資産売却により差損の決済を継続していたものの、このまま決済を継続した場合には、早晩、資金繰り破綻が確実な状況であった。

他方で、売上げの大幅な減少が生じているものの、営業利益は継続して計上しており、デリバティブ取引による損失を考慮しなければ一定の収益力が見込まれ、事業性が認められることから、私的整理による事業再生を目指すこととなった。

(3) 当初の見立て

a 事業性および財務状態

対象会社は、直近期に売上げの大幅な減少があるものの、人件費等の固定費削減等、事業改善施策の成果もあり、営業利益は安定的に計上している。

他方、対象会社は、簿価上は10億円の資産超過であるものの、デリバティブ取引による損失を顕在化させた場合には、8億円以上の債務超過に陥ることが見込まれた。

対象会社は、過去5年間継続して7,000万円から1億2,000万円の経常利益を出しており、事業性があることは明らかであるものの、デリバティブ取引を継続したままでは事業継続が不可能であり、他方で、デリバティブ取引を解消し損失額を顕在化させた場合には、実質債務超過に陥るうえ、債務額が増大し約定弁済を継続することは困難であるため、なんらかの金融支援

を受けることが必要であると判断された。

b　資金繰り

元金返済およびデリバティブ取引の決済を停止することにより、資金繰りには支障は生じないものと見込まれた。

c　私的整理の手続の選択

対象会社の取引金融機関には、デリバティブ取引のある金融機関（以下「デリバ行」という）とデリバティブ取引のない金融機関（以下「非デリバ行」という）が併存していた。対象会社の主たる窮境原因がデリバティブ取引による損失の発生であるため、非デリバ行がデリバ行の責任を問題視し、一律の金融支援を行うことについて異論を有している状況であった。他方で、デリバ行としては、デリバティブ取引による損失について債権放棄等の支援を行うことは、金融商品取引法上の「損失補てん」の禁止に抵触する可能性があり対応できない、という問題があった。

そこで、今後の金融調整も視野に入れ、デリバティブ取引に関するデリバ行の責任を明確にするため、金融ADRを活用し、デリバティブ取引による損失に係る対象会社負担分（以下「デリバティブ債務」という）を確定することとした。

他方で、デリバティブ債務と借入債務に対する金融支援の内容については、取引金融機関が8金融機関と多数にのぼるうえ、上述のようなデリバ行と非デリバ行との間の調整が必要になると想定されたため、金融調整と再生計画の客観性担保の観点から協議会手続を活用することとした。

(4) 私的再生に向けた取組み

a 対象会社による金融機関説明会の開催

対象会社は、過大なデリバティブ取引により多額の損失が発生しており、事業継続のためには、デリバティブ取引の解消が不可欠であった。対象会社は、取引金融機関の助言を得て、弁護士とコンサルタントに依頼して、私的整理による事業再生を試みることとした。

代理人弁護士において、デリバティブ取引の内容を精査したところ、実需を大幅に超えたオーバーヘッジ状態であったことが判明したこと、また、今後のデリバ行と非デリバ行との間の金融調整を見据えるとデリバティブ取引による損失についてデリバ行の責任を明確にしておく必要があると考えられた。そこで、対象会社は、金融機関説明会を開催し、①デリバティブ取引の決済と借入金の返済の猶予の要請、②協議会手続を活用した私的整理による再生の方針、③デリバティブ取引による損失の負担割合について金融ADRを活用する方針を説明し、取引金融機関の意見を聴取した。

b 金融ADRへのあっせん申立て

取引金融機関から、中立的な第三者機関による紛争解決手続である金融ADRの活用について賛同する意見が出るなど取引金融機関からの異論がなかったため、対象会社は、金融ADRへのあっせん申立てを行い、同手続により、デリバティブ債務の確定を図ることとした。

c 協議会手続の活用

対象会社は、金融ADRへのあっせん申立て後、再生支援協議会に再生計画策定支援（第二次対応）の申込みを行った。再生支援協議会は、対象会社がデリバティブ取引による多額の損失の発生により窮境にあるものの、本業では継続して利益をあげており事業性が明らかであると判断し、金融ADRと並行して、再生計画策定支援（第二次対応）を開始した。

対象会社は、コンサルタントに依頼し、財務デューデリジェンスおよび事業デューデリジェンスに着手していたため、再生支援協議会は、外部専門家アドバイザーに委嘱し、当該アドバイザーが対象会社の実施した財務デューデリジェンスおよび事業デューデリジェンスを調査検証する、いわゆる「検証型」により手続を進めることとした[29]。

d 専門家による財務デューデリジェンスおよび事業デューデリジェンスの実施

対象会社は、対象会社の財務の毀損度合い、事業性の見極めのため、コンサルタントによる財務デューデリジェンスおよび事業デューデリジェンスを実施した。

事業デューデリジェンスの結果、対象会社は、直近期に大口取引先との契約解消により大幅な売上減少があったものの、安定的に営業利益を計上しており、新規取引先開拓による売上げの回復と固定費削減等の施策により1年後に1.2億円の経常利

---

29 「検証型」の手続について、第2章19頁「コラム」参照。

益の計上が可能と判断された。

- ・直近期営業利益　　　＋1億円
- ・直近期経常利益　　＋0.7億円
- ・改善後経常利益　　＋1.2億円（1年後）

　また、財務デューデリジェンスの結果、対象会社は、主にデリバティブ取引に係る損失、保有不動産の含み損等の認識により、8億円の実質債務超過であることが判明した。

- ・簿価純資産　　　＋10億円
- ・実態純資産　　　▲8億円

(5) 再生計画の策定

a　金融ADRによるあっせんの結果

　金融ADRによるあっせんの結果、デリバティブ取引の解約により発生する解約金のうち、対象会社が負担する解約金の総額は10.3億円であった（ただし、当該金額は、あっせん期日を基準日とする金額であり、実際の解約金の金額は、解約日の為替によ

図表18

	解約金 （損失額）	対象会社の 責任割合	対象会社の 損失負担額
A行	3.5億円	80％	2.6億円
B行	2.1億円	90％	1.9億円
C行	2.4億円	80％	1.9億円
D行	2.8億円	85％	2.4億円
E行	1.5億円	90％	1.4億円
合計	12.3億円	84％	10.3億円

り決定される)。

b リスケジュールによる再生計画の策定

あっせん案に基づく対象会社の損失負担額を財務デューデリジェンスに反映させた結果、および事業デューデリジェンスの内容をふまえて作成された事業計画(損益計画)から、対象会社の将来収益によって一定期間での実質債務超過の解消、要償還債務の償還が可能であると判断されたため、対象会社は、取引金融機関に対し、リスケジュールによる支援を要請することとした。

なお、再生計画案の策定にあたり、非デリバ行から、デリバティブ取引による損失が窮境原因であることを理由に、デリバ行の債権への弁済と非デリバ行の債権への弁済に差を設けるべきであるとの意見が述べられていたが、デリバティブ取引に係るデリバ行の責任は金融ADRの結果において考慮されているため、デリバ行と非デリバ行の間に差異を設けず、残高プロラタにより返済する計画にすることとした。

(6) 再生計画の内容

a 金融支援の内容(リスケジュール)

弁済期間12年(実質債務超過の解消に5年、債務超過解消時の要償還債務の償還に7年)のリスケジュールによる金融支援が定められた。各取引金融機関への弁済額は、債権残高に基づく按分(残高プロラタ)による弁済とし、計画上のフリーキャッシュフローの75%相当額を確定額として弁済することとした。

図表19

【計画0期】

売上債権	仕入債務		
在庫		【5年後】	
固定資産	有利子負債　19	運転資金	3
		収益弁済	6
		残債	8
実質債務超過　▲8		金融ADR	2

【実質債務超過解消】

改善後経常利益	1.2
5年解消	6.0
5年超解消分	2.0
金融ADR	2.0

【弁済計画】

運転資金は償還債務から除外
収益弁済はFCFの75%水準(※)

(※)収益弁済原資

改善後経常利益	1.2
減価償却費	0.5
返済可能原資	1.7
75%相当	1.2
5年返済分	6.0

b 経営者責任・株主責任・保証人責任

金融支援の内容がリスケジュールであることをふまえ、現代表者は続投するものとし、株主責任、保証人に対する保証履行は求めなかった。

もっとも、主たる窮境原因である過大なデリバティブ取引を独断で行った現代表者の責任は否定できないため、現代表者の役員報酬の減額を定めた。

(7) 解　　説

a　デリバティブ取引による損失の処理と私的整理
(a) 債権の確定

　私的整理は、法的倒産手続のように債権の存否や金額を確定する債権調査手続を有しておらず、債権者と債務者との間で、債権の存否、金額について争いがない状態で進めることが前提となる。したがって、デリバティブ取引による損失について、取引金融機関に過失があるとして、損失に対する金融機関の責任を問うなど、デリバティブ取引について紛争がある場合には、原則として、私的整理を行うことはできず、私的整理を行うためには、債務者が、デリバティブ取引による損失が自己責任であるとして損失全額を負債として認めていること、もしくは取引金融機関との間で、調停や金融ADR等によりデリバティブ取引による損失のうち債務者が負担する金額について合意がなされていることが必要である。

(b) 「損失補てん」の禁止

　また、デリバティブ取引による損失を当事者間の合意で任意で免除することは、デリバティブ取引による「損失を補てんし、または補てんの申込み、約束等を行うこと」に該当し、金融商品取引法39条により「損失補てん」として原則として禁止されている。したがって、債務者が、デリバティブ取引による損失について取引金融機関の負担を求める場合には、調停、金融ADR等により損失の負担を確定させる必要がある（金融商品

取引法39条3項、内閣府令118条、119条)。

(c) 「損失補てん」と金融支援

ところで、この「損失補てん」の禁止は、私的整理による再生計画において、金融支援の一環として債権放棄（債務免除）を行う場合にも適用されるかが問題となりうる。

この点、再生計画において、デリバティブ取引による損失（デリバティブ債務）と他の貸付債務を区別し、デリバティブ債務を切り出して当該取引金融機関に金融支援を求めた場合には、「損失補てん」の禁止に抵触する可能性が高いと考えられる。デリバティブ債務を切り出して、再生計画案において劣後的に取り扱う場合も同様であろう。

他方で、再生計画において、デリバティブ債務を貸付債務とともに対象債権として、同等に金融支援を求める場合には、「損失補てん」の禁止に抵触しないと考えられる。この点に関し、事業再生ADR手続での事業再生計画案に関する金融庁への書面照会により、以下のとおり回答されていることも参考となる。

金融庁における一般的な法令解釈に係る
書面照会手続(回答書)

平成25年1月25日

(照会者名) 殿

金融庁監督局証券課長

平成25年1月23日付をもって当庁に照会のあった、一般的な法令解釈に係る書面照会について、下記のとおり回答します。

本照会に基づく回答は、あくまで照会時点における照会対象法令に関する一般的な解釈を示すものであり、照会書面に記載の見解及び根拠の妥当性のほか、個別事案に関する法令適用の有無を回答するものではありません。なお、関係法令が変更される場合などには、考え方が異なるものとなることもあります。

また、もとより、捜査機関の判断や罰則の適用を含めた司法判断を拘束しうるものではありません。

記

特定認証紛争解決手続(事業再生ADR手続)において、デリバティブ取引による損失に係る債権について、銀行等に責任がないことを前提とした以下の1又は2の内容を含む事業再生計画に基づき、同債権を対象債権として債権放棄をすることは、本事業再生計画の内容が公正かつ妥当で経済的合理性を有するもので、かつ、債権者間の実質的衡平性が確保されているものであれば、金融商品取引法(昭和23年法律第25号)第39条第1項に違反しない。

1 デリバティブ取引により生じた損失に係る債権を含む対象債権全体について、各対象債権者の債権残高に応じて(いわゆる残高プロラタ弁済方式)、債権放棄を行うこと
2 デリバティブ取引により生じた損失に係る債権を含む対象債権全体について、一定額までの部分(ただし、債権額が当該一定金額までに満たない債権者については当該債権金額)については100%弁済を受けるものとし、債権額が一定額を超える部分は、債権残高に応じた債権放棄を行うこと

b　金融ADRと協議会手続の併用

(a)　「デリバティブ」案件の問題点

上述のとおり、私的整理の前提として、デリバティブ取引による損失について対象会社と取引金融機関との間で紛争がないことが必要であり、協議会手続を利用する場合も同様である。この点、デリバティブ取引による損失全額について自己責任として対象会社が負債として認めている場合には、協議会手続を利用することは可能である。しかし、デリバティブ取引による損失が主たる窮境原因である企業において、デリバティブ取引を行っている金融機関（デリバ行）とデリバティブ取引を行っていない金融機関（非デリバ行）が存在するような場合、非デリバ行としては、窮境原因に直接関係するデリバ行の責任を明確にするため、デリバ行がまずもって金融支援を行うべきであるとか、デリバ行がより多くの金融支援を行うべきであるとの意見が出ることが想定される。

他方で、上述のとおり、再生計画案において、デリバティブ取引による損失（デリバティブ債務）を切り出して、当該取引金融機関に対して金融支援を求めることは、「損失補てん」の禁止に抵触する可能性が高いため困難である。

このように、デリバティブ債務を抱える企業を私的整理により再生するためには、「損失補てん」の禁止に抵触するためデリバティブ債務をねらい撃ちして金融支援を求めることはできず、デリバティブ債務について他の借入債務とともに同等の金融支援を求める必要がある一方で、一律の金融支援を求めた場

合には、窮境原因であるデリバティブ取引を行ったデリバ行に一定の負担を求める非デリバ行の納得感が得られず金融調整が困難になる、という両すくみの関係が存在する。

(b) **併用の有用性**

このような両すくみの関係を解決し、私的整理による事業再生を図る方法として、金融ADRと協議会手続を併用する方法が考えられる。すなわち、金融ADRにおいて、デリバティブ取引に係る損失に係る金融機関の責任をふまえたデリバティブ債務（会社負担額）を確定したうえ、協議会手続により、再生計画案において、デリバティブ債務と他の借入債務を対象債権として同等の金融支援を求めることにより、金融ADRにおいてデリバ行の責任を明確化し、協議会手続では「損失補てん」の禁止に抵触しない再生計画案を成立させることが可能となる。

(c) **本事例における検討**

本事例では、対象会社は、弁護士に委任し、私的整理による再生を目指すこととした。

対象会社は、過大なデリバティブ取引による多額の損失の発生が主たる窮境原因であり、円高の継続によりデリバティブ取引による損失が発生する状態のまま再生計画案を立案することは困難であったため、デリバティブ取引の解消が不可欠であると判断された。また、対象会社のデリバティブ取引の内容を精査したところ、実需を超えた過大な取引であったため、取引金融機関の責任割合について、第三者機関による客観的な判断を

得ることが有用であると判断された。加えて、本事例では、取引金融機関8金融機関のうちデリバティブ取引のない金融機関が2金融機関あり、私的整理における金融調整を見据えると、主たる窮境原因であるデリバティブ取引についてのデリバ行の責任の有無・過失割合を、第三者機関により明確にしておくことが有用であると判断された。

以上の理由から、対象会社は、金融ADRによりデリバティブ取引による損失のうち対象会社の負担額を定めることとし、取引金融機関に説明し理解を得つつ、金融ADRの申請を行ったうえで、協議会手続を活用することとした。

> コラム
> ### 金融ADRとは
>
> 金融ADRとは、金融分野における裁判外紛争解決制度であり、紛争解決機関を行政庁が指定・監督することにより、その中立性・公平性を確保しつつ、利用者から紛争解決の申立てが行われた場合には、金融機関に紛争解決手続の利用や和解案の尊重等を求めることにより、紛争解決の実効性を確保し、裁判よりも短時間・低コストでの紛争解決を目指した制度である。
>
> デリバティブ取引に関する紛争解決機関としては、銀行法および農林中央金庫法上の指定紛争解決機関である全国銀行協会（全銀協）と、日本証券業協会の協会員等の指定紛争解決機関である特定非営利活動法人証券・金融商品あっせん相談センター（FINMAC）がある。銀行法上の銀行とのデリバティブ

については全銀協が利用され、商工中金とのデリバティブ取引についてはFINMACが利用される。

c 金融ADRと協議会手続の併用（スケジュール例）

(a) スケジュール例

本事例における手続の流れは図表20のとおりである。

本事例では、金融ADRの申立てと並行して、財務デューデリジェンスおよび事業デューデリジェンスを実施し（なお、デリバティブ取引による損失額については、保守的に損失全額が債務者企業の負担になるものと仮置きしている）、再生支援協議会が委嘱した専門家アドバイザーによる同デューデリジェンスの検証が行われた。その後、金融ADRでのあっせん案による負担割合に基づきデリバティブ取引による損失のうち対象会社が負担

図表20

金融ADR	協議会手続
金融ADR申立て	
	協議会手続開始
	財務DD、事業DD実施
	財務DD、事業DD検証
あっせん案による負担割合の提示	あっせん案の負担割合による対象会社の損失負担額（想定額）を財務DDへ反映
	再生計画案の策定
	再生計画案の調査報告
あっせん案受諾	再生計画案への同意

する損失額（想定額）を財務デューデリジェンスに反映させたうえ、当該財務デューデリジェンスの結果、事業デューデリジェンス結果をふまえた事業計画の内容に基づき、再生計画案を策定した。

(b) 実務上の工夫

金融ADRと協議会手続を併用する場合、リスケジュールが想定される場合には、金融ADRによるあっせん案に基づき和解を成立させたうえで、協議会手続における再生計画案により返済条件を合意することも考えられるが、債権放棄が想定される場合には、金融機関としては、金融ADRにおけるあっせん案への「受諾」による損失の負担と、再生計画案への「同意」による金融支援を二段階で行うという対応は困難であるとの意見が多い（金融機関としては、金融ADRにおいて債権を免除し、その後再生計画により債権放棄を行うことは、実質的に二重に金融支援を行うに等しいとの考えがあるようである）。そこで、実務上の工夫として、金融ADRにおいてあっせん原案の提示を受けた後、再生計画案の策定中は金融ADRの手続を停止し、再生計画案の策定を経て、再生計画案への「同意」と同じタイミングで金融ADRにおけるあっせん案への「受諾」を行うという方法がありうる。

コラム　金融ADR（全銀協）の運用について

円高の継続によりデリバティブ取引に関する紛争事例が急激

に増加したことを背景に、全銀協の金融ADRでは、申立て後、1～2カ月で第1回のあっせん期日が設定され、原則として、第1回のあっせん期日においてあっせん原案（損失に対する金融機関の責任割合）が提示される運用となっており、迅速に判断が得られる。

また、私的整理の前提として金融ADRを利用する場合、衡平性の観点からは、すべての取引金融機関とのあっせん事件が同一のあっせん委員により判断されることがより望ましいが、現在、申立人（債務者企業）が希望した場合には、同一の構成によるあっせん委員会の判断が受けられるよう運用上の配慮がなされているようである。

d 本事例におけるその他のポイント（内部管理体制の構築）

本事例では、リスケジュールを内容としており現代表者が続投することとされていたが、主たる窮境原因である過大なデリバティブ取引が現代表者の独断により契約されていたため、窮境原因の除去の観点から、内部管理体制の構築が必要と考えられた。もっとも、中小企業において直ちに財務会計や金融商品の知識にたけた専門家を確保することは困難であるため、①金融機関に対するデリバティブ取引を行わないことの表明、②顧問税理士を交代し外部専門家からの助言を得られる体制の整備、③取引金融機関によるモニタリング、の実施を定めた。

e 最後に

平成22年8月以降の1ドル85円を超える円高水準の継続によ

り、本業は堅調であるものの、デリバティブ取引による損失が原因で窮境に陥った会社が多くある。このような会社について私的整理による再生を図っていくうえで、デリバティブ取引による損失をどのように処理するのかが、「損失補てん」の禁止との観点で問題となっていた。本事例で紹介した、金融ADRと協議会手続の併用というのは一つの手法にすぎない。このほかにも、デリバティブ債務を含む金融債務を時価によりファンドやサービサーに債権売却するといった方法により実質的な金融支援を得ることも考えられるのではないだろうか。

　昨今の円安基調により、これまで差損が生じていたデリバティブ取引が差益に転じるなど、為替変動により会社の財務状況が大きく変動している事例もある。このような事例では、為替変動による会社の財務状況への影響を適時的確にとらえ、金融機関と協議し、デリバティブ取引の解消のタイミングを図るなど、事業再生に向けた臨機応変な対応が必要となろう。

第13章

廃業支援

――債務超過であり、事業性の乏しい会社について、金融債権者のみを対象とする特別清算手続により清算させた事例

食品製造・卸売会社

(1) 会社の概要

項　目	概　　要
業種	食品製造・卸売業
資本金	1,000万円
売上高	約6,000万円（廃業前直近期）
有利子負債	約1億3,000万円（廃業時）
取引金融機関	メイン行（実質信用保証協会）、地方銀行、信用金庫の計4金融機関
従業員	10名（廃業時）

(2) 対象会社の状況

a 業種ならびに役員、株主構成

　対象会社は、原材料となる食材を仕入れ、製造加工のうえ販売する食品の加工と販売を業とし、役員、株主はすべて代表者一族で占められている、いわゆる同族経営の会社であった。

b 損益状況・財務状況

　対象会社は、最盛期には約2.3億円の売上げを計上していたが、その後売上げが減少し、直近期の売上高は約6,000万円にまで減少しており、約500万円の営業損失、約900万円の経常損失を計上するなど、厳しい業況が続いていた。直近期の財務状

ありうる。事業再生の見込みがきわめて乏しいという場合には、従業員への退職金等の支払原資を確保し、また、取引先への悪影響などをも考慮し、むずかしいことではあるが、早めに廃業の決断をし、関係者への悪影響を低減する清算手続を模索することが望ましいといえる。

> コラム **金融機関による廃業支援について**
>
> これまでの金融庁の監督指針では、地域密着型金融における顧客企業のライフステージとして、創業・新事業、経営改善、事業再生、事業承継が示されていたが、平成24年5月の監督指針では一つの類型として、「事業の持続可能性が見込まれない顧客企業(事業の存続がいたずらに長引くことで、却って、経営者の生活再建や当該顧客企業の取引先の事業等に悪影響が見込まれる先など)」が示された。
>
> 金融機関には、事業の継続に向けた経営者の意欲、経営者の生活再建、当該顧客企業の取引先等への影響等を総合的に勘案し、慎重かつ十分な検討を行ったうえで、顧客企業が自主廃業を選択する場合には、その円滑な処理等への協力など、顧客企業や関係者にとって真に望ましいソリューションを適切に実施することが求められている。

b 廃業に伴うその後の処理の手法

清算型の手続については、裁判所の関与のもとで行うか否か

で大きく私的整理と法的整理に分けられ、また、法的整理には、破産と特別清算とがある。

　私的整理は、裁判所の関与を得ずに、私的な手続で、資産を換価し、負債に対して一定額の弁済を行い、債権者の同意を得て残債務の免除を受ける手続である。裁判所の関与を得ずに行われるため、法的整理に比べて、手続を柔軟に行うことができ、コストを抑えることが可能となる。しかし、逆に、裁判所の関与がないため、資産処分の適切性や弁済における公平性を含めて、手続の適正さが担保されるのかどうかに疑義が生じ、債権者の理解が得られにくい。また、私的整理で債務免除を受けようとすれば、全債権者の同意が必要となることから、手続遂行上のハードルは高いといえる。

　これに対し、法的整理は、裁判所の関与のもとで資産処分や弁済が行われるため、手続の適正さは制度的に担保される。このうち、破産は、裁判所が選任する第三者機関である破産管財人に資産処分や配当（弁済）の権限が集中され、従前行われていた不適切な行為（資産の廉価売却や偏頗弁済等）について否認権等の権限が与えられる等、手続が厳格であり、利点もある一方で、コスト（手続費用）や時間の観点では他の手続に比べて相対的に重い。他方、特別清算は、管財人は選任されず、原則として会社が株主総会で選任した清算人により手続が進められるため、裁判所の関与はあるものの、破産に比べればコストの低減が可能であり、清算結了までのスケジュールも立てやすいが、協定案の成立に一定数（出席債権者の過半数かつ議決権を行

使できる債権者の総債権額3分の2以上の賛成）の債権者の同意が必要とされる等、債権者の協力を得る必要がある。

　一般に、債権者が少数であり、協力が得られる状況であれば、コストや時間を考慮し、特別清算が選択されることとなり、債権者が多数であるとか、管財人による法律関係の整理が要請されるような事情がある事案については、破産が選択されることとなると考えられる。なお、特別清算手続は、すでに述べた第二会社方式の場合のように、事業の再構築（リストラクチャリング）の一環として行われることが多いため、破産に比べて対外的な「倒産」イメージが希薄であると受け止める向きもあろう。ただし、特別清算の場合、清算へ移行するには、株主総会の特別決議を経る必要があり、そのような決議が得られない場合にも、破産が選択されざるをえないこととなることに留意が必要である。

> ### コラム　清算型の手続について
>
> 　法人が廃業する場合には、清算型倒産手続によることとなる。
>
> **(1) 清算型の法的整理**
>
> ① 破　　産
>
> 　支払不能もしくは債務超過に陥っている法人の財産関係を清算し、総債権者に対して公平な配当を図る裁判上の手続。手続等は破産法に規定されている。

図表21

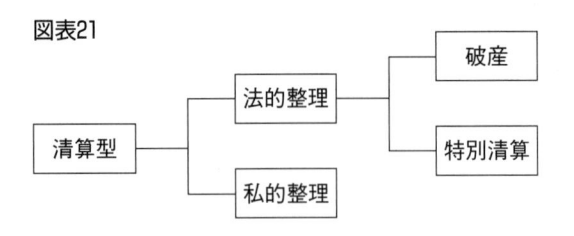

```
清算型 ─┬─ 法的整理 ─┬─ 破産
        │            └─ 特別清算
        └─ 私的整理
```

　法人事件であれば、ほとんどの事案において裁判所から破産管財人（弁護士）が選任され、裁判所の監督のもとで、管財業務が実施されることになる。具体的には、破産管財人が、裁判所の許可を得る等しながら、破産会社の財産を換価して、これを配当原資として、債権者の債権額に按分して配当を実施することになる。

② 特別清算

　清算中の株式会社について、清算遂行に支障をきたすべき事情があるとき、または債務超過の疑いがあるときに、申立てにより開始され、債権者、株主の利益を保護するために、より厳格な手続で行われる裁判上の特別な清算手続（会社法510条以下）。

　特別清算手続には、債権者に協定案を示し、債権者集会で賛否を問う（出席債権者の過半数かつ総債権額の3分の2以上の同意）協定型と、債権者と個別に和解契約を締結する和解型がある。

　特別清算開始決定後は、清算会社は裁判所の監督のもとで清算業務を遂行することになる。具体的には、清算会社が財産の

図表22

〈破産手続〉

```
破産手続開始申立て
        ↓
破産手続開始決定
        ↓
破産管財人による資産の管理・換価
        ↓
債権者集会
   ↓        ↓
  配当       ↓
   ↓        ↓
破産手続終結  破産手続廃止
```

〈特別清算手続〉

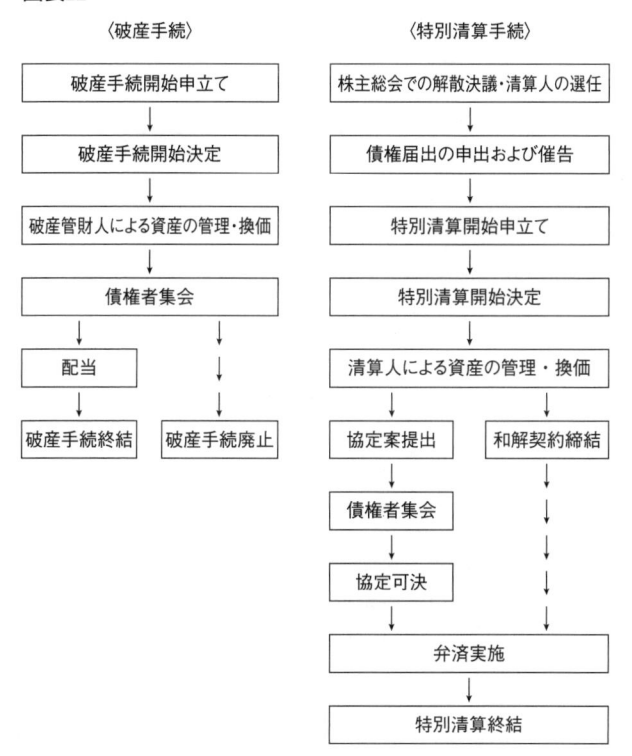

```
株主総会での解散決議・清算人の選任
        ↓
債権届出の申出および催告
        ↓
特別清算開始申立て
        ↓
特別清算開始決定
        ↓
清算人による資産の管理・換価
   ↓              ↓
協定案提出       和解契約締結
   ↓              ↓
債権者集会          ↓
   ↓              ↓
協定可決           ↓
        ↓
     弁済実施
        ↓
    特別清算終結
```

処分、和解等をする場合には、裁判所の許可が必要となり（会社法535条）、また、裁判所から、毎月の清算事務報告書の提出を求められるなど（会社法520条）、清算会社は清算業務遂行にあたり各種制約を受けることとなる。

(2) 清算型の私的整理

債権者との合意のもとに裁判所の関与なしに会社を清算する

手続。債務者自ら会社の資産を換価し、これを弁済原資として債権者に弁済したうえで同意を得て残債務の免除を受けることにより会社を清算する。特に法律上の規定はない。

> コラム　私的整理か法的整理か
>
> 　私的整理による清算は債権者との合意のもとに進めていく手続であるため、債権者が多数にのぼる場合や、少数であっても清算に非協力的な債権者がいる場合には、私的整理によって清算することは困難となり、法的整理を選択せざるをえないことが多い。
>
> 　また、再建型の私的整理についてはこれまで述べてきたように公正かつ迅速に進めるための準則およびフレームワークが整備され、手続の公正さが担保されるようになってきているが、清算型の私的整理においては、そのような状況にはなく、また、債務免除の実現に全債権者の同意が必要でありハードルが高いため、純粋な私的整理によって清算が可能な事案はおのずとかなり限定されると考えられる。

c　本事例におけるスキーム選択のポイント

　本事例では、金融債権者にとって回収上の経済合理性があることを背景に、最終的には、特別清算により清算することを前提としつつ、資産等の処分は私的整理の手続で行うこととし、また、破産手続を回避したところに特徴がある。その意味で

は、清算型私的整理と特別清算を併用した手続と位置づけることも可能と考えられる。このような手続をとることにより、資産等の劣化を回避することが可能となり、金融債権者にとっての回収上の経済合理性の要請を満たしつつ、破産を回避することにより、対象会社の代表者が意図した破産による同業他社を含む業界への悪影響をも回避することが可能となった。また、最終的には、特別清算手続において債務免除が行われるため、このような併用型は、純粋な私的整理に比べて債権者にとっても応じやすい手続であると考えられる。

d 取引金融機関に対する協力要請と定期的な報告

(a) 廃業直後の協力要請

本事例における廃業スキームは、私的整理と特別清算の併用型に位置づけられうるものであり、いずれにせよ手続を進めるにあたり債権者の理解と協力を得ることが不可欠である。

そのため、対象会社は、廃業直後に、代理人弁護士が各取引金融機関債権者を個別に訪問し、破産を回避して本件廃業スキームにより会社を清算することの経済合理性を説明して理解を求めた。

その結果、取引金融機関債権者からおおむね了承を得ることができたため、対象会社は、本件廃業スキームでの廃業手続を進めることとした。

(b) 債権者に対する定期的な報告

その後も、対象会社は、毎月、代理人弁護士が債権者を個別訪問し、月次の収支計算書等の資料に基づいて清算業務の進捗

状況について詳細な報告を行った。これは、廃業後の対象会社の収支の状況などを逐一報告し、債権者に意見を述べる機会を設けることにより、手続の公正性を担保しようとしたものである。私的整理で清算手続を進めていく場合、債権者からの理解と協力を得るためには、適時適切な情報開示が必要と考えられる。

e 資産の換価業務

対象会社が廃業時に有していた換価可能な資産は、売掛金、商品在庫、不動産（本社建物）、機械装置、保証金・出資金などであった。

直ちに破産に移行した場合、たとえば、売掛金については、売掛先が破産という状況の変化を受けてなんらかの理由により支払を拒絶することもままみられ、また、最終的に、早期に回収できなかった売掛金はサービサーに対しバルクセールで売却されることも多い。また、商品在庫についても、破産手続においては、通常の商取引ベースでの価格での売却は到底望めず、きわめて低額な処分とならざるをえないことも少なくない。さらに、不動産についても、早期に任意売却ができなければ、任意売却は断念され、競売に付されて売却価格が低くなってしまうこともありうる。

これに対し、本事例では、私的整理の手続で、いわば通常の取引の延長上で売掛金の回収を行ったため、売掛金の回収率はきわめて高く、最終的にサービサーに売却した売掛金はごく一部にとどまった。また、不動産の処分についても、担保権者で

ある取引金融機関の理解を得て競売手続によらず、ある程度の時間をかけて任意売却をすることができた。

他方で、本件では、資産を換価・処分する際には、機械装置一つを売却するにも、そのつど債権者に対して金額の相当性を疎明して事前に了承を得ながら進めた。私的整理の手続で資産の換価・処分を行う場合には、このような手続の公正性を担保するための工夫が求められると考えられる。

f 特別清算手続による清算

このように、対象会社は、廃業後、債権者からの理解を得ながら資産の換価業務を進め、換価業務がすべて終了した段階、すなわち、弁済原資となる金額がほぼ確定した段階で、会社を解散し、裁判所に対して特別清算開始の申立てを行った。

金融債権者に対しては、当初から特別清算手続による清算をすることについては説明をし、理解を得ていたこともあり、債権者はおおむね特別清算手続に協力的であり、債権者集会においてもすべての債権者からの賛成を得て、協定が可決された。

その後、対象会社は協定に従って弁済を実施し、特別清算手続は無事終結に至った。

g 最後に

従前であれば、廃業＝破産という発想が通常であり、本事例のような場合でも、当然のように破産手続が選択されることが多いのではないかと思われる。

しかしながら、破産手続による場合、資産の劣化が大きく、事案によっては、直ちに破産移行することが債権者にとっての

経済合理性にかなうとはいえないことも考えられる。また、破産は、取引先等に与える影響も大きいため、会社として、破産を回避できるならそれに越したことはないという視点をもつこともあながち否定されるべきではないであろう。

もっとも、常に本事例のような手続が奏功するとは限らず、スキームの選択にあたっては、租税や労働債権等法的手続で優先的な返済の対象となる債権の未払いがなく（あるいはごく少なく）、債権者の数も限定的であり、将来想定する特別清算手続において、返済原資が相応に確保され、必要な債権者の同意も得られる等の条件が整っているかの見極めが重要である。したがって、その後の手続の遂行のみならず、スキームの選択に際しても、専門家（弁護士・税理士）の関与は必要不可欠ものとなると考えられる。

いずれにしても、本事例は、金融債権者の理解と協力を得ながら、清算型私的整理と特別清算手続を併用する廃業スキームにより、破産を回避しつつ、円滑に廃業に至ったケースとして、廃業を検討する場合に参考になりうると考える。

況は、決算書上、資産約1億円、負債約1億3,000万円であり、約3,000万円の簿価債務超過状態であった。

(3) 廃業に至った経緯

a 業界を取り巻く環境の悪化

対象会社と同一の食品を扱う企業は、商品需要の低下により全般的に売上不調に苦しんでおり、近年では、業種転換や廃業・倒産に至る企業も多い状況であった。

対象会社も同様に、最盛期には約2億3,000万円の売上高を計上していたが、その後、売上減少傾向が続き、廃業前直近期には約6,000万円にまで売上高が減少していた。

b 事業承継の不奏功

対象会社は、代表者が高齢となってきたことから、従業員の一人を後継者候補として、事業承継を進めようとした。

しかしながら、上記のとおり業界全体が売上げの不調に苦しむ状況のなかで後継者候補が事業承継に踏み切れず、これを直接の契機として、代表者が廃業を決断、事業停止に至ることとなった。

c 廃業時の状況

対象会社は、廃業時に従業員10名全員を解雇したが、税金や社会保険料等の滞納や従業員給与、退職金の未払いはなかった。

(4) 会社清算に向けた取組み

a 弁護士等の選任

対象会社は、債務超過状態であり、廃業時の金融債権者が4社（実質的な債権者である信用保証協会を含む）、うち1社が会社所有不動産および代表者所有不動産に担保権を設定しており、代表者は会社の金融債務について連帯保証を差し入れている状況であり、会社を清算するためには、弁護士等の専門家によるサポートが必要であると考えられたため、事業停止後、対象会社は、弁護士および税理士に会社清算の手続を依頼した。

b 廃業スキーム（私的整理＋特別清算手続）の選択

代表者が対象会社を破産させることによる地元での風評や同業他社を含む業界への悪影響を回避したいと希望したことや、直ちに法的整理に移行するとすれば破産手続によることとなるが、その場合には資産等の劣化が著しく、金融債権者にとっても経済合理性に乏しいと考えられたことから、対象会社は、破産手続によらず、一定期間私的整理によって資産等を処分しつつ、最終的に特別清算によって会社を清算するという手法をとることとした。

c 金融債権者への協力要請

しかし、金融債権者にとっては、債務者の廃業により自らの債権の全額回収が見込めない場合には、通常破産手続がとられることを想定し、私的整理については、資産の隠匿や不適切な売却・弁済等が行われることをおそれることが多いと想定され

る。また、対象会社にとっても、先行して行う私的整理の手続での資産等の処分が金融債権者から不適切であると指摘され、その後破産移行を余儀なくされた場合、破産回避の意図は達成されないし、後の破産手続でスキーム選択等の適切性を問われることとなってしまう。したがって、上記のスキームにより、最終的に円滑に特別清算手続による清算を行うためには、債権者の協力を得ることが不可欠となる。そこで、対象会社は、代理人弁護士を通じ、金融債権者に対し、経済合理性の観点をも交えて、資産をできるだけ劣化させずに換価処分したうえで、最終的には特別清算手続により会社を清算させたい旨を説明し、理解を求めたところ、おおむね了承を得ることができた。

d 資産の換価業務

対象会社の廃業時点での主な資産は、売掛金、商品在庫、不動産、機械装置等であったが、対象会社は、売掛金の回収、商品在庫の売却、不動産の任意売却、機械装置の売却、保証金・出資金等の回収などを行った。また、対象会社は、代理人弁護士を通じ、定期的に、金融債権者に対して換価業務の報告を行った。

e 特別清算手続による清算

資産の換価業務が終了し、債権者への配当原資がおおむね確定した段階で、対象会社は、株主総会において解散決議をしたうえで、裁判所に対し、特別清算開始の申立てを行った（協定型）。

債権者集会においてはすべての債権者から賛成票を得て協定

が可決され、これに基づく弁済を実施したうえで（弁済率約12％）、特別清算手続は終結した。

(5) 解　説

a　廃業という選択肢

　窮境の状況にあっても、会社に事業性が認められれば、窮境原因の除去によって、事業の再生が可能となることについてはこれまで述べてきたとおりである。事業再生の手法については、私的整理による事業再生のほか、民事再生や会社更生といった法的再建手続も選択肢として考えられるのであり、再生可能性があれば最後まで再生が模索されるのが通常である。

　しかし、これらの手法によっても事業再生が不可能ないし著しく困難である、あるいは事業継続ができない事情があるということがありうる。典型的には、事業性が乏しく、スポンサー等も得られない場合や後継者が存在せず、経営者が自らの手で事業を手じまいしたいと考える場合等が考えられる。

　対象会社は、すでに述べたとおり、売上げの減少、事業承継の不奏功等の理由により、事業の継続可能性が見込めなくなったものであり、事業性と事業承継上の問題という二つの複合的な要因により廃業が選択された事例であるといえる。

　後継者の不存在を主たる理由に廃業を選択する場合はともかくとして、事業の悪化をも理由とする場合には、廃業の決断は遅れがちとなり、決断した時には、手形の不渡り等が避けられず、破産もやむをえないという事態に追い込まれることもまま

■おわりに

　本書は、中小企業の私的整理における最近の取組みを紹介する目的で企画されたものであるが、単なる事例紹介にとどまらず、私的整理に取り組む際の視点を重視したところに特徴がある。

　すなわち、中小企業の私的整理の検討初期段階において最も重要な要素は「モノ（事業性）」の見極めである。本書では、この点に関し、第2章および第3章で総論を論じたうえで、第5章から第7章において「事業性が厳しい会社の再生事例」「粉飾決算を行っている会社の再生事例」「資金繰りが厳しい会社の再生事例」の三つの事例をとりあげた。一見再生がむずかしいように思われるケースでも、「モノ」に魅力があれば、専門機関、専門家を活用する等して障害を適切に取り除くことにより、再生の途は開かれうることをご理解いただければ幸いである。

　また、中小企業の私的整理において、金融支援の手法は、債務者の負債規模と事業性の関係、スポンサーの有無、金融調整の必要性などさまざまな要素を考慮して決定される。本書では、この点に関し、第2章および第4章で総論を論じたうえで、第8章から第11章において、「第二会社方式（自主再建型）の事例」「第二会社方式（スポンサー型）の事例」「DDSを活用した再生事例」「ファンドを活用した再生事例」の四つの事例を取り上げた。どういう手法が適切か、どういう手法であれば

成り立ちうるかについては、事例の積重ね、経験によって得られる勘所の要素もあり、各事例が参考となりうるものと考える。

　以上のほか、第12章および第13章において、近時、金融機関の関心が高いと思われる「デリバディブ取引による多額の損失がある会社の再生事例」と「廃業支援」の二つの事例を取り上げた点も、本書の特徴の一つである。二つとも、紹介した手法は実務上定着しているものとまではいえないものの、金融機関にとっても合理的な手法であり、適用可能なケースにおいて今後取り組まれることを期待して紹介させていただいた。

　中小企業の私的整理による再生において、対象企業ごとに再生手法はさまざまであり、まさに王道はない。金融円滑化法の出口戦略に携わる金融機関の担当者には、中小企業の事業性に対する「目利き」と事案に応じた柔軟な対応力が求められている。

　本書が、金融円滑化法の出口戦略に携わる金融機関の担当者をはじめとする中小企業の私的整理に携わる方々の検討の一助としていただければ幸いである。

執筆者一同

KINZAIバリュー叢書
最新私的整理事情

平成25年7月3日　第1刷発行

　　　　　　　著　者　田口　和幸・加藤　寛史・松本　卓也
　　　　　　　　　　　ロングブラックパートナーズ
　　　　　　　発行者　倉田　勲
　　　　　　　印刷所　図書印刷株式会社

〒160-8520　東京都新宿区南元町19
発　行　所　一般社団法人 金融財政事情研究会
　　　編集部　TEL 03(3355)2251　FAX 03(3357)7416
販　　売　株式会社きんざい
　　　販売受付　TEL 03(3358)2891　FAX 03(3358)0037
　　　URL http://www.kinzai.jp/

・本書の内容の一部あるいは全部を無断で複写・複製・転訳載すること、および磁気または光記録媒体、コンピュータネットワーク上等へ入力することは、法律で認められた場合を除き、著作者および出版社の権利の侵害となります。
・落丁・乱丁本はお取替えいたします。定価はカバーに表示してあります。

ISBN978-4-322-12327-2

KINZAI バリュー叢書 好評発売中

社内調査入門
―"守りの法令遵守"から"戦略的不祥事抑止"へ
●中村　勉[著]・四六判・228頁・定価1,680円（税込⑤）

元特捜検事が実践的な社内調査ノウハウを一挙掲載。社内調査の流れをわかりやすく解説。

再エネ法入門
―環境にやさしい再生可能エネルギービジネス入門
●坂井　豊・渡邉雅之[著]・四六判・320頁・定価1,890円（税込⑤）

再エネ特措法の解説とあわせて、太陽光発電の事業に必要な許認可等やファイナンス手法を詳解。また、実際の案件に利用できる種々の契約書式も掲載。

債権回収の初動
●島田法律事務所[編]・四六判・248頁・定価1,470円（税込⑤）

不良債権の増加が迫りくるなかで、不良債権処理の全体像を念頭に置いた債権回収の初動時の適切な対応を余すところなく伝授。出口戦略に備えるための必読書。

コーポレートガバナンス入門
●栗原　脩[著]・四六判・236頁・定価1,680円（税込⑤）

会社法制の見直しにおける重要なテーマの1つとなっているコーポレートガバナンスについて、国際比較の視点から歴史的な経過や問題意識の変遷をふまえ多角的に解説。

原子力損害賠償の法律問題
●卯辰　昇[著]・四六判・224頁・定価1,890円（税込⑤）

「原子力発電に内在するリスク」「損害賠償制度」「原子力関連訴訟」「核廃棄物処分に関する法政策」から「福島の原発事故による損害賠償」まで主要な法的論点を網羅。

クラウドと法
●近藤　浩・松本　慶[[著]・四六判・256頁・定価1,890円（税込⑤）

「情報セキュリティ」「クラウドのカントリーリスク」などクラウドコンピューティングにまつわる最新の話題を満載。その導入の最新動向や普及に向けた政府の動きについても言及。

最新保険事情
●嶋寺　基[著]・四六判・256頁・定価1,890円（税込⑤）

「震災時に役立つ保険は何？」など素朴な疑問や、最新の保険にまつわる話題を、保険法の立案担当者が解説し、今後の実務対応を予測。